トラブルにならないやり方がよくわかる

弁護士が教える
いろんなお墓と安心の改葬・墓じまい

弁護士 田島 直明 著

秀和システム

●注意
(1) 本書は著者が独自に調査した結果を出版したものです。
(2) 本書は内容について万全を期して作成いたしましたが、万一、ご不審な点や誤り、記載漏れなどお気付きの点がありましたら、出版元まで書面にてご連絡ください。
(3) 本書の内容に関して運用した結果の影響については、上記（2）項にかかわらず責任を負いかねます。あらかじめご了承ください。
(4) 本書の全部または一部について、出版元から文書による承諾を得ずに複製することは禁じられています。
(5) 商標
　　本書に記載されている会社名、商品名などは一般に各社の商標または登録商標です。

はじめに

　厚生労働省「衛生行政報告例」によると、令和5年度における改葬件数は全国で16万6886件に上り、10年前（8万8397件）の2倍近くに達し、過去最多となりました。

　少子高齢化や核家族化が進む中で遠方に住む家族が増え、お墓の管理ができなくなったことや、最近ではお墓の形にこだわらない樹木葬や散骨などの供養の方法の選択肢が増えたことなども背景にあるようです。将来的にも改葬・墓じまいの増加傾向は続いていくでしょう。

　改葬・墓じまいは何かと面倒なことが多く、しきたりやマナーなど知らないことも多いことから、精神的にも体力的にも大きな負担がかかります。このような負担を解消してくれるサービスとして「墓じまい代行」が登場し、近年ニーズが高まっているようです。

　このような改葬・墓じまいに対するニーズの高まりに伴って、親族、お寺、墓じまい代行業者などとの間でトラブルに発展するケースも増えています。中には、訴訟や調停に発展することもあります。

　お墓のあり方は、子々孫々にまで影響する人生の一大事であり、適切かつ冷静に対応することが求められます。しかし、お墓をめぐる意見の相違や理解不足が原因となって家族や親族との間で感情的な対立や不和を招いたり、お寺、石材店等との間でトラブルを引き起こすことがあります。

　そこで、本書では、近年増加している改葬・墓じまいにスポットを当て、改葬・墓じまいの手順やよくあるトラブルとその解決方法について詳しく解説しています。また、お墓にまつわる基本的な知識や様々なテーマにも触れております。

　本書がこれからお墓に関する手続きに触れる方々やお墓に関する悩みを抱える方々にとって解決の一助となれば幸いです。

2025年2月

弁護士　田島 直明

目次

はじめに ………………………………………………………………………… 3

第1章　現代のお墓の実情

1　少子高齢化とお墓の問題 ……………………………………… 8

2　都市部に多い「新しいお墓」のニーズ ……………………… 12

3　「改葬」する人が増えている …………………………………… 16

4　「お墓を持たない」という選択肢 …………………………… 21

5　お墓の問題は「トラブル」になりやすい ……………………… 25

6　お墓のトラブルと弁護士の役割 ……………………………… 29

Q & A ……………………………………………………………………… 32

　・日本の法律で認められている死者を葬る方法を教えてください。

　・改葬や墓じまいに関するトラブルはどこに相談したらよいでしょうか?

第2章　お墓に関する基礎知識

1　寺院墓地、公営墓地、民間墓地の違い ……………………… 36

2　「新しいお墓」とは ……………………………………………… 42

3　好きなところに埋葬できるわけではない …………………… 48

4　お墓・埋葬に関する法律がある ……………………………… 52

5　お墓は相続財産になるのか …………………………………… 58

6　お墓を承継したら何をすべきか ……………………………… 62

7　長く故人を偲ぶためのお金の工夫 …………………………… 66

Q＆A ··· 70

・お墓の管理者からの管理料の値上げには絶対に応じなければならない
　のでしょうか？

・お墓を継ぐと絶対に檀家にならないといけないのでしょうか？

第3章　改葬・墓じまいを始める前に

1　改葬・墓じまいの流れを把握する ································ 74

2　事前に考えるべきポイント ·· 79

3　家族や親戚との話し合いは必ず行う ··························· 82

4　家族会議の開き方と合意形成のコツ ·························· 86

5　菩提寺と相談する ·· 90

6　菩提寺とのトラブルを回避するには ···························· 93

7　墓地管理者への確認事項 ··· 97

8　改葬・墓じまいにかかる主な費用 ······························· 101

9　費用を抑えるためのヒント ·· 108

Q＆A ·· 112

・お墓の管理者には改葬をどのように切り出すのがよいでしょうか？

第4章　改葬・墓じまいのステップ

1　新しい埋葬先の選定 ··· 114

2　必要な書類を準備する ·· 118

3　専門業者の選び方と依頼方法 ······································ 125

4　遺骨の取り扱いと移動の方法 ······································· 130

5 新しい墓地での手続き ……………………………………………… 135

6 改葬後に注意すべきポイント ………………………………… 138

Q & A ………………………………………………………………………… 142

　・引っ越し先のお墓を探すためのポイントはありますか？

　・合葬墓に遺骨を納めると二度と取り戻せないと聞きましたが、本当で
　しょうか？

第5章　改葬・墓じまいと終活の考え方

1 将来、自分のお墓はどうするか ……………………………… 146

2 生前の準備と法的なアドバイス ……………………………… 150

3 エンディングノートで家族と共有する ………………………… 154

4 家族の絆を深める終活の進め方 …………………………… 158

Q & A ………………………………………………………………………… 162

　・エンディングノートと遺言書はどう違うのでしょうか？

　・墓じまいをするにあたっては家族や親族の同意を得る必要はあるので
　しょうか？

資料

1 陥りやすいトラブル事例 ………………………………………… 166

2 必要な書類のサンプル …………………………………………… 182

3 散骨のガイドライン ………………………………………………… 186

4 お墓に関する法律の抜粋 ……………………………………… 192

改葬・墓じまいチェックリスト ……………………………………… 199

第 1 章

現代の
お墓の実情

少子高齢化と お墓の問題

❃ 社会課題が及ぼすお墓の問題

「少子高齢化」――多くの方はこの言葉をご存じのことでしょう。人口構成が急激に変化し、子どもの数が減少する一方で、高齢者の割合が増加することを指しています。次世代を担う若手層が減っていく中、年金や医療、介護だけでなく、意外なところにも影響を及ぼしています。その1つが「お墓」の問題です。

想像してみてください。長年、地元の小さなお寺に先祖代々のお墓を構えていた夫婦がいます。ある日の晩ごはんで奥さんがポツリと、「私たちが亡くなった後、お墓は誰が守ってくれるのだろうねえ」――。

子ども世代、孫世代は都心に住んでおり、地元に帰る機会が少なく、お墓参りをする時間や労力を確保することが難しくなっています。少子高齢化が進む中で、このような問題は珍しくありません。子どもの数が少ないご家庭では、お墓を守る人が減り、さらに次の世代も地元を離れるケースも増えています。

その結果、今あるお墓を撤去して別のお墓に移したり、遺骨を他の形で供養する「改葬」「墓じまい」に注目が集まっているのです。

❋ 改葬・墓じまいの増加とその背景

　少子高齢化が加速する中で改葬・墓じまいを考える人が増えていく理由はいくつかあります。

　1つ目は経済的な負担です。お墓を維持するには年間の管理費や清掃費がかかります。また、墓地が遠方にある場合、移動費や時間的コストも馬鹿にできません。高齢になり、移動が難しくなることで、お墓参り自体が困難になるとなおさらでしょう。

　2つ目はライフスタイルの変化です。都市化が進む中で、多くの若者が地方を離れて都市部に移り住むようになりました。地元から離れることで、お墓参りや管理を引き継ぐ意識が薄れていくのです。

　3つ目は価値観の変化です。以前はお墓を守ることが家族の責務とされていましたが、そのような考え方にとらわれない人が増えています。むしろ亡くなった家族をどのように弔うかについて、自由な選択肢を求める声が大きくなっています。

❀ 新しい供養の形

　こうした背景の中で、新しい供養の形が注目されています。例えば「永代供養墓」というものがあります。

　これは個人や家族単位でお墓を用意するのではなく、寺院や霊園が遺骨の管理や供養を一括して担うものです。永代供養墓は維持費がかからず、遠方に住む家族でも安心して利用できる点がメリットとして挙げられます。

　また、海などへの散骨や、樹木葬といった自然に還る供養も広まっています（第2章2参照）。これらは環境に配慮した形であり、故人の意思や家族の価値観に合わせて選択することが可能です。

　さらにデジタル技術を活用した新しい取り組みもニーズが高まっています。例えば、オンラインでお墓参りができるサービスや、遺族がインターネット上で思い出を共有できるプラットフォームが登場しています。こうした技術的な進化をベースとして、距離や時間の制約を克服し、より柔軟な形式で供養できるようになりました。

　このように少子高齢化とお墓の問題は密接に関わっており、私たち一人ひとりが家族と話し合いながら、将来を見据えた選択をすることが重要です。親世代と供養のあり方についてオープンに話すことや、自分自身の意思を伝えておくこと、地元のお寺や霊園と供養に関する情報を共有することで、いざというと

1 少子高齢化とお墓の問題

きの心理的・物理的負担を軽減することができます。

　少子高齢化が進む中で、お墓にまつわる問題はますます深刻化するでしょう。しかし、新しい供養の形を模索し、地域やコミュニティとのつながりを保ちながら家族が協力して取り組むことで、未来に向けた解決策を見つけることができるはずです。

1　現代のお墓の実情

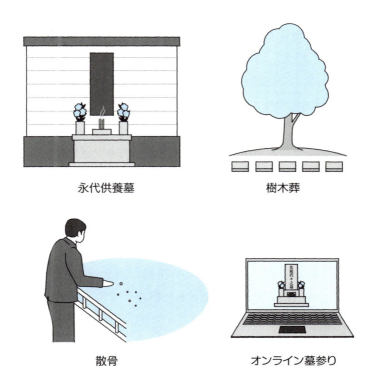

永代供養墓

樹木葬

散骨

オンライン墓参り

都市部に多い「新しいお墓」のニーズ

❋ 注目を集める「樹木葬」「納骨堂」

　高層ビルが立ち並び、限られた土地が高額で取り引きされる都市部では、墓地のためにスペースを確保するのが難しくなっています。さらに前述のように、ライフスタイルの多様化や価値観の変化によって、お墓に対する考え方も少しずつ変わっています。そんな中で注目されているのが、樹木葬や納骨堂といった新しいお墓の形です。

- 樹木葬：遺骨を木の根元に埋める形式の供養方法です。墓石ではなく木や花がシンボルとなり、自然に溶け込む形が特徴です。

- 納骨堂：建物の中に遺骨を納める形の供養施設です。多くの納骨堂では、カードキーや指紋認証を使って個別のスペースにアクセスできる仕組みが採用されています。

② 都市部に多い「新しいお墓」のニーズ

1 現代のお墓の実情

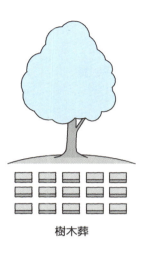
樹木葬

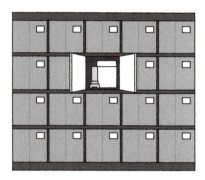
納骨堂

　日本最大級のお墓情報サイト「いいお墓」の調査によると、同サイト経由でお墓を購入した方の48.7％が「樹木葬」を選択。前回調査の51.8％に続き、約半数の方に選ばれる結果となりました。

　続いて「一般墓」が21.8％、「納骨堂」が19.9％と、一般的なお墓と近い割合で納骨堂が選ばれています。2020年の調査発表以降、樹木葬が一貫してトップを守り、一般墓と納骨堂も20％前後の水準を維持している状況です。

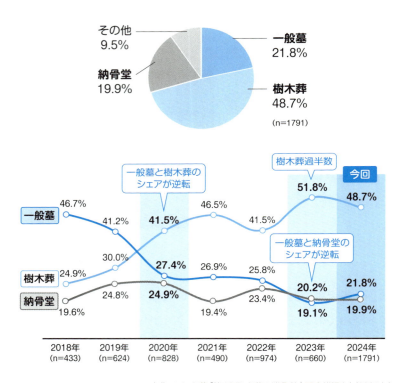

出典：いいお墓「第15回 お墓の消費者全国実態調査」(2024年)

❋ 先祖を祀る気持ちは変わらない

　費用や管理のしやすさは、都市部でのお墓選びにおいて大切なポイントです。核家族化が進む中で、家族が気軽にお参りでき

②　都市部に多い「新しいお墓」のニーズ

る場所のニーズが増え、公共交通機関が整備され、駅から徒歩圏内の霊園はとても人気があります。駅前のビルの中につくられた室内納骨堂があることからも、そのニーズはうかがえるでしょう。

　また「子どもたちの家の近く」や「家族・親族が集まりやすい中間地点」など、子ども世代が将来的に墓守で苦労しないよう、終活の一環として利便性のよい都市部に移ろうとする人も増えています。

　ただ、遺骨が他の人と一緒に埋葬されるタイプのお墓に抵抗があったり、利用方法や費用の不透明さが気になる方もいます。また、先祖を大切にしたいという思いは変わらないものの、これまでのお墓がなくなることに寂しさを感じる方も多いでしょう。時代に合わせたお墓のあり方を選びながら、先祖への感謝や想いを大切にできる方法を考えることが、現代を生きる私たちに求められています。

　家族や自分に合った選択肢を考えると、こうした方法が有力な選択肢になることを感じつつも、都市部に住む私たちが家族や親しい人と話し合い、新しい供養の形について学び、共有することが、これからの社会に適した供養文化を育むことにつながるのではないでしょうか。

①

現代のお墓の実情

「改葬」する人が増えている

❈ お骨を移動させる「改葬」

「改葬」という言葉を耳にしたことはあるでしょうか。これは故人の遺骨を現在のお墓から別のお墓に移して供養することを指します。

　具体的には

(1) 従来のお墓を解体、移動して、新しい場所に建て直す
(2) 墓じまいをして、新たな場所で遺骨を保管する
(3) お骨を分けて別のお墓に埋葬し、手元供養する「分骨」

などがあります。

　改葬を検討または実施する人が多い背景には、これまでにご紹介したお墓のあり方の変化、お墓参りという風習への考え方の変化と同じく、家族構成やライフスタイル、少子高齢化や都市化といった社会的な要因が深く関わっています。

③「改葬」する人が増えている

❋ 改葬・墓じまいをする理由

「いいお墓」の調査によると、改葬・墓じまいの検討や実施経験がある方に「なぜ改葬・墓じまいを検討したのか」を伺ったところ、もっとも多かった理由は「お墓が遠方にある」という回答でした。特にこの理由を挙げた方は54.2％と半数を超えており、次いで「お墓の承継者がいない」という理由が続きました。

（1）お墓が遠方にある

　転居によって故郷にあるお墓が遠くなったり、無縁墓（承継者や縁故者がいないお墓）になることを避けたいと考える人々もいます。こうした場合、改葬を通じて自宅そばにお墓を移し、次世代への承継を考慮することが増えています。

（2）お墓の承継者がいない

　子どもがいない、または子どもがいても結婚していない、結婚するかわからないという場合、将来的にお墓を誰が承継、守るのかが不確実となり、不安を感じることから改葬や墓じまいを検討するケースが増えています。

（3）お墓の維持・管理費がかかる

　霊園にお墓がある限り、維持費・管理費はずっと支払い続ける必要があります。その金額は霊園の設備や管理状況、市街地や便

利な立地かどうかによっても変わりますが、以下が目安です（第2章参照）。

- 寺院墓地：年間5,000円～10,000円程度
- 公営霊園：年間2,000円～10,000円程度
- 民間墓地：年間5,000円～15,000円程度

（4）お墓を承継したくない

　核家族化が進み、親世代が子どもたちにお墓の管理や維持方法、お寺との付き合い方を伝えることが難しくなっています。これによりお墓の管理や承継に関する負担を懸念する親世代が増えており、改葬・墓じまいを選ぶ理由となっています。

　他にもお墓が古くなったり、納骨スペースが足りなくなったといった理由で新しいお墓が必要になった方や、兄弟それぞれが自分たちの家庭でお骨を分けて供養したいという方もいます。

改葬・墓じまいを過去に検討したことがある	76件
改葬・墓じまいを現在検討している	201件
改葬・墓じまいを現在実施している	48件
改葬・墓じまいを実施したことがある	208件

出典：いいお墓「第3回 改葬・墓じまいに関する実態調査」（2024年）

③ 「改葬」する人が増えている

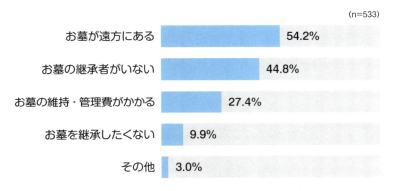

●改葬・墓じまいの検討理由

(n=533)

- お墓が遠方にある　54.2%
- お墓の継承者がいない　44.8%
- お墓の維持・管理費がかかる　27.4%
- お墓を継承したくない　9.9%
- その他　3.0%

出典：いいお墓「第3回 改葬・墓じまいに関する実態調査」(2024年)

改葬をする上での課題

　まず「手続き」面での課題があります。第4章で詳述しますが、改葬するために必要な書類を手に入れ、申請する流れが非常に煩雑で時間がかかります。

　次に「費用」の課題です。現在のお墓を整理する費用や、新しいお墓や納骨堂の購入費用、遺骨を移す際の運搬費用などがかかります。これに加えて、寺院墓地の場合はお布施が必要になることもあります。

　また、親族間で意見が分かれることも大きな課題です。お墓の移転先や費用負担などで話し合いが難航し、スムーズに進められないケースもあります。改葬は家族の事情に寄り添った大切

な決断ですが、事前に手続きや費用についてよく調べ、親族と十分に話し合うことが成功のポイントです。

改葬を選ぶ理由は様々ですが、家族が納得できる形で供養を続けられる場所や方法を見つけ、費用面も考慮した上で決めることが大切です。

家族の未来を考えた大きな決断

改葬は、単なるお墓の移動ではありません。家族の歴史や絆を振り返り、これからの供養の形を考える大切な節目です。

お墓は故人を偲び、家族が心を寄せる場所だからこそ、全員が納得できる形で進めることが重要です。家族や親族と何度も話し合い、それぞれの思いを尊重しながら最適な選択肢を見つけましょう。特に現在のお墓の状態や管理負担について、正直に共有することが大切です。その上で改葬の手続きや費用についてしっかりと調べ、具体的な計画を立てていきましょう。

改葬手続きは確かに少し複雑ですが、行政手続きの代行、移転元のお墓の現地調査、新しい霊園の紹介、さらにはご遺骨の移送や一時保管、墓石の洗浄・施工など、専門業者のサポートを受ければ安心して進められます。

新しいお墓を整えるプロセスを一歩ずつ進めていけば、きっと家族にとっての新たなスタートを切ることができるはずです。

「お墓を持たない」という選択肢

❋「お墓は不要」と考える人も増えている

　お墓と聞くと、石碑が並んだ霊園やお寺の境内を思い浮かべる方が多いのではないでしょうか。しかし、最近では「お墓を持たない」という選択肢を選ぶ人も増えています。

　東京都が発表した「平成27年度 インターネット都政モニター『東京都の霊園』アンケート結果」によると、墓地を持っていない人が38.1％に達し、そのうち34.6％は「墓地は必要ない」と答えています。驚くべきことに、10年前の調査では、同じ回答をした人の割合は28.1％でした。このデータから東京都では、墓地に対する考え方が変わり、必要ないと感じる人が増えてきていることがわかります。

　その具体的な方法としてはいくつかありますが、有名なところは「散骨」や「手元供養」が挙げられます。それぞれの方法にかかる費用も異なりますので、どの方法が自分に合っているかを考えましょう（第2章参照）。

- 散骨：遺骨を粉末状にして、自然環境に撒く方法です。海洋散骨や山林散骨などが一般的で、自然に還ることを望む方、そのご家族に支持されています。

- 手元供養：遺骨を自宅で保管して、大切な人を身近に感じながら供養する方法です。最近では小さなペンダントやオブジェに加工するサービスもあります。

❀ お墓を持たないメリット・デメリット

　お墓を持たないことのメリットとしては、まず費用面での負担が一切なくなります。お墓を建てる場合、初期費用として80万円〜250万円、さらに年間管理費が数千円から数万円かかります。また、お寺にお墓を持つ場合、檀家としてのお付き合いが求められたり、お布施や法要への参加など、さらにお金がかかることもあるでしょう。お墓を持たなければ、こういった費用も、

④ 「お墓を持たない」という選択肢

定期的なお参りや掃除、草むしりの手間も一切不要です。

さらに、お墓を持たないことで後継者に関する心配もなくなります。誰が面倒を見てくれるのか、子どもに負担がかからないかといった悩みも解消されます。

一方、デメリットとしては、お墓参りをする場所がなくなるため、故人を追悼するための拠り所がなくなります。お墓がないことで寂しさを感じることもあるかもしれませんし、散骨した後にお墓をつくりたいと思っても遺骨を取り戻すことができません。

また親族から反対されることもあります。特に代々家墓を引き継ぐ習慣が強い地域や世代では、お墓を持たないことに抵抗を感じる人も多いでしょう。お墓をなくしてしまった後に「やはりもう一度……」となっても、家族間で遺恨が残る可能性が考えられます。

1
現代のお墓の実情

● **お墓を持たないメリット・デメリット**

メリット	デメリット
● お墓にかかる費用の負担がなくなる	● 故人を偲ぶ拠り所がなくなる
● 誰がお墓を継ぐか悩まずにすむ	● （散骨の場合）後からお墓をつくろうとしても遺骨がない
● 子どもに負担をかけずにすむ	● 親族の反対を受けることがある

❋ 自由で柔軟な供養が広がる中で

　お墓を持たない選択は、これからの時代に合った供養の形といえるかもしれません。しかし、供養の拠り所がなくなるなどの理由から、そうした選択は受け入れにくいと感じる方もいるでしょう。供養方法を選ぶ際には、費用や手続きだけでなく、故人の意思や家族の価値観を十分に考慮する必要があります。

　そのため、家族や親しい人たちと時間をかけて話し合うことが大切です。散骨業者や手元供養のサービスを提供する業者も増えているので、情報を集めてしっかり比較検討しましょう。

　散骨などの新しい供養方法がより広がり、ルールが整備されていけば、お墓を持たないという選択をする人も増えていくでしょう。お墓を持たないことも、故人を偲ぶ1つの方法です。私たち一人ひとりが自分たちに合った供養の形を見つけることで、故人との絆をより深めることができるのではないでしょうか。

お墓の問題は「トラブル」になりやすい

1　現代のお墓の実情

❋ 管理や承継をめぐるトラブルが増加中

　お墓は先祖を敬い、家族の絆を象徴する大切な場所ですが、ライフスタイルの多様化や価値観の変化によって、家族や親族との間で管理・承継に対する考え方が一致せず、苦労を感じたり、様々な場面でトラブルに発展することが少なくありません。

● 墓じまい（改葬）を行う際に苦労したことは何ですか。
（複数選択可）

項目	割合
手続きや法的な準備	30.2%
費用の工面	23.9%
家族や親族の同意を得ること	22.4%
改葬先選び	19.0%
菩提寺の同意を得ること	18.7%
撤去業者選び	16.0%
特にない	26.6%
その他	1.8%

(n=331)

出典：株式会社宙の会「墓じまい（改葬）に関する実態調査」(2024年)

樹木葬や納骨堂を運営する株式会社宙の会の調査によれば、改葬・墓じまいで苦労したこととして、手続きや費用に次いで、家族・親族やお寺の同意を得ることが挙げられています。割合として20％前後の方が、この問題に直面しています。

✿ 親族・お寺・石材店との間で起こるトラブル

（1）家族・親族間のトラブル

　改葬・墓じまいを進める上で、トラブルが起きやすいのが家族や親族です。

　納骨されている先祖に関わる親族、つまりお墓参りをする親族は一人ではありません。供養に対する考え方も人それぞれ異なります。そのため祭祀承継者（お墓を承継する人）が墓じまいを決めたとしても、他の親族から反対の声が上がることがよくあります。

　また、都市部に住んでいて、田舎にあるお墓の管理が難しいことを理由に墓じまいをして、自宅の近くに改葬することはよくあります。しかし、この場合、田舎に住んでいる親族は都市部までお墓参りに行かなければならず、反対の声が上がることがあります。

　家族・親族とのトラブルを回避するためのコツは、第3章3〜4で詳述します。

(2) お寺とのトラブル

お寺（菩提寺）の同意を得ることがうまくいかず、問題に発展するケースもよく聞かれます。

檀家・門徒をやめる際に寺院に渡すお布施として、数百万円もの離檀料を請求されたり、住職が墓じまいや遺骨の引き渡しに反対し、協力してくれないこともあります。また今あるお墓の管理費を一括で請求されるケースも見られます。

お寺とのトラブルを回避するためのコツは、第3章6で詳述します。

(3) 石材店とのトラブル

お墓の設置・撤去に関わる石材店選びも難しいところです。墓じまいを行う際、石材店を通じて解体や撤去をすることになりますが、寺院墓地の場合、お寺の指定業者に依頼するのが一般的です。

しかし場合によっては、お寺と指定石材店が結託して相場より高額な工事費を請求し、その一部をお寺がキックバックとして受け取ることもあります。さらに、指定業者がずさんな工事を行い、他の墓所や共用部に損害を与えたり、墓石を不法投棄するケースも発生しています。

墓地使用者がトラブルに関与していなければ法的責任は問われませんが、面倒な問題に巻き込まれてしまう可能性があります。そのため石材店を選ぶ際は価格だけでなく、優良石材店の指

定があるか確認することも大切です。

　石材店を含めた専門業者については、第4章3で詳述します。

❀ トラブルが発生した場合は専門家へ相談を

　改葬・墓じまいの件数は年々増加しており、この傾向は今後も続くと予想されます。それに伴い前述のようなトラブルも増加していくでしょう。

　トラブルを防ぐためには、事前に親族全員で希望や意向を共有し、もし解決が難しければ弁護士などの専門家に相談することが重要です。遺言書や契約書に管理方法や意向を明記すれば、意思が明確になり、親族間での食い違いを防ぐことができます。

　もし改葬・墓じまいを行っている最中に、不当な請求や納得のいかないトラブルが発生した場合は、迷わず消費者センターや弁護士に相談しましょう。

お墓のトラブルと弁護士の役割

🌸 お墓に関するトラブルは様々

　これまで見た通り、少子高齢化が進み、多くの人がお墓をめぐる問題に直面しています。

「終活」という言葉が一般的になる中、最近は墓石のある墓を撤去する「墓じまい」の動きも広がっています。それに伴ってお墓をめぐるトラブルも増えています。お墓に関しては日常生活と異なった習慣やしきたり等があるため、家族・親族、お寺、石材店等との間でトラブルが生じることがあります（第1章5参照）。

　お墓に関するトラブルは、承継、維持管理、墓じまいなどの様々な場面で起こりえますが、感情的な問題や家族間での対立を引き起こすことが多い複雑な問題です。

🌸 お墓に関するトラブルにおける弁護士の役割

　お墓に関するトラブルが起こった場合、それらの問題解決のために弁護士のサポートが役立ちます。

（1）法的な手続をサポート

改葬や墓じまいを行う際、改葬許可申請や契約書の確認、お寺や墓地管理者との間で法的な手続きが必要な場面があります。

弁護士であれば、これらの手続きや交渉を代行し、不備のない形で手続きを進めることができ、トラブルを未然に防ぐことができます。また、契約書の内容が複雑な場合などにも弁護士によるサポートは有効です。

（2）親族間の調整をサポート

お墓の承継やあり方などをめぐって親族間の意見が対立し、紛争に発展することは少なくありません。親族間で意見が分かれる場合、話し合いが行き詰まることがあります。このような場合、弁護士が調整役となり、課題解決を目指すことができます。

親族間のトラブルは労力や精神的ストレスがかかりますが、弁護士を間に入れることでこれらの負担を軽減することができます。また、弁護士を交えて話し合うことで、冷静かつ合理的な結論を導きやすくなるというメリットもあります。

（3）法的なトラブルをサポート

お墓の建立や墓じまいを進めるにあたって、お寺や石材店などの関係者との間でトラブルに発展した場合でも、弁護士であれば代理人となって対応することができます。

また、訴訟や調停が必要な場合でも、弁護士が代理人として手

続きを進めることで本人の負担を軽減することができます。

弁護士は、法律面の知識と経験を生かして、お墓に関する法的紛争の解決をサポートすることができます。

❋ お墓の問題に精通した弁護士に相談しましょう

弁護士とひと口にいっても、各弁護士、法律事務所によって得意分野や不得手な分野、実績のない分野というものがあります。お墓をめぐる問題は、日常生活と異なった習慣やしきたり等があり、その分野の専門知識が必要となることがありますので、お墓の問題に詳しい弁護士に相談することをおすすめします。

Q&A

Q 日本の法律で認められている死者を葬る方法を教えてください。

A 　死者を葬る方法には、火葬、埋葬（土葬）、水葬、散骨、樹木葬、鳥葬、風葬などがあります。

　日本では墓地、埋葬等に関する法律（墓埋法）に基づき、一定の手続きのもとで「火葬」と「埋葬」が認められ、船の航行中に船内で死者がでた場合には、船員法に基づき、一定の手続きのもとで「水葬」が認められています。

　最近話題になっている「散骨」や「樹木葬」はどうでしょうか。

　厚生労働省は「散骨」は法律が想定していない葬法であり、散骨が墓埋法に直ちに抵触することはないとの見解を示しました（厚生省生活衛生局、平成10年6月発表「これからの墓地等の在り方を考える懇談会報告書」）。ただし、散骨は撒く場所によっては農作物や海産物に風評被害が起こるなどトラブルが発生する可能性がありますので、地方自治体の条例で規制を設けている場合もあります（長野県諏訪市、埼玉県秩父市等）。

　また「樹木葬」は、墓埋法4条の「焼骨の埋蔵」に該当

? Q & A

すると考えられています（平成16年10月22日健衛発第1022001号厚生労働省健康局生活衛生課長回答）。そのため、墓地の区域内で樹木葬を行うことは可能です。実際に樹木葬を行う場合は、地方自治体や葬祭事業者に相談することをおすすめします。

　その他の「鳥葬」「風葬」は日本では認められていません。

Q 改葬や墓じまいに関するトラブルはどこに相談したらよいでしょうか？

A　トラブルの内容によって相談先は様々ありますが、おおむね次のように整理できます。

（1）寺院とのトラブル
弁護士、司法書士、行政書士、寺院の本山、自治体など

（2）解体業者とのトラブル
弁護士、司法書士、行政書士、国民生活センター、消費者センター

(3) 墓じまいの手順や手続きに関するトラブル

弁護士、司法書士、行政書士、自治体、墓地管理者、墓じまい代行業者

　その他、墓石の撤去や遺骨の取り出し、納骨先の紹介など、墓じまいに必要な手続き代行・サポートしてくれる代行業者に依頼することも考えられますが、事前に依頼内容や費用などをしっかりと確認するようにしましょう。

　弁護士はあらゆる法律相談、交渉、紛争、訴訟などができるのに対し、司法書士や行政書士は扱える業務範囲が法律で制限されていますので、その点は注意が必要です。相手のいるトラブルなどはまずは弁護士に相談するのが安心といえるでしょう。

　また、身近に弁護士がいない場合には、弁護士会が運営している法律相談センター、日本司法支援センター（法テラス）、自治体の法律相談窓口などにお問い合わせください。

お墓に関する基礎知識

# 寺院墓地、公営墓地、民間墓地の違い

墓地の種類と選ぶ際の注意点

　墓地は大きく3種類に分類され、「寺院墓地」「公営墓地」「民間墓地」があります。墓地は一度決めると長期間にわたって利用するもの。したがって、これらの中からどのタイプの墓地を選択していくかは、大きなテーマとなります。一般に寺院墓地は伝統や信仰に重きを置きたい方に、公営墓地は費用を抑えつつ安心して利用したい方に、民間墓地は自由度や利便性を求める方に向いています。

　墓地を選ぶ際には将来的な利用を見据え、費用、アクセス、管理体制などを検討し候補を絞り込んでいきます。もちろん実際に見学し、管理状態や周辺環境を確認することも重要です。

　改葬の場合は、既存のお墓の問題を解決することが前提となります。現在の墓地管理者への相談が必要であり、改葬許可証の取得といった手続きも発生します。また先祖代々の遺骨を移動させるため事前に親族間での話し合いはしっかりと行うようにしましょう。新設と改葬では手続きや優先事項が異なるため、それぞれの状況に応じた対応が求められるのです。

① 寺院墓地、公営墓地、民間墓地の違い

✻ 寺院墓地の特性

　寺院墓地とは寺院が管理する墓地です。歴史がある墓地が多く地域に根付いた存在となっています。また寺院の敷地内または隣接する場所にあるのが一般的で、静かで厳かな雰囲気が特徴です。僧侶による定期的な供養が行われるため、安心感を得られる方も多いでしょう。

　特性としてはやはり檀家制度との関わりが挙げられます。寺院墓地を利用するためには原則としてその寺院の檀家になる必要があります。檀家とは寺院に属しその運営や行事に協力する家のことで、恒常的に法要などのサポートを受けています。ただし現在ではそうした檀家制度に依存せずにお墓を受け入れる寺院も増えています。利用を検討する際は、各寺院の方針を直接確認することをおすすめします。

　また寺院墓地の場合、特定の宗派に属しているため利用者もその宗派の教えに従う必要があると思われがちで、かつては戒名の変更を求められるケースもありましたが、宗派を問わない寺院墓地も存在しています。その場合でも、その寺院の宗派に対する理解は必要となります。

　また寺院墓地は「自宅から近い」として選ばれるケースも多いと考えられますが、空きの有無も含めてまずは問い合わせてみることです。近年は墓地に空きがないために納骨堂を設置する寺院も多く、そちらに案内されるケースもあります。

2

お墓に関する基礎知識

37

寺院墓地は現在、後継者問題も含めその実態は様々で、管理が行き届かず環境が悪くなっているケースも見受けられます。このあたりのことも近所の寺院なら何度か足を運び、確認しておく必要があります。

❀ 公営墓地の特性

公営墓地は自治体が運営する墓地です。利用条件や費用が明確に定められており、資格や条件を満たせば誰でも申し込むことができます。

その資格と条件は、一般的にはその自治体に居住していること、遺骨がすでに手元にあることがほとんどの場合必須であり、居住年数や収入基準が設けられていることもあります。

公営墓地のメリットは、非営利で運営されているため利用料金や管理費が比較的安価なことです。したがって「将来、子や孫にお墓の管理費用をかけたくない」という改葬の理由として大きな割合を占めるケースに最適です。また墓石についても指定されていないのが普通です。

ただしそうしたことから人気が高く、抽選方式で利用者を決定するのが一般的で、かなりの「狭き門」になることもあります。

申し込みはまず自治体のホームページなどで公募情報を確認し、抽選がある場合は抽選を受け、その上で審査を受けて正式に手続きするというかたちとなります。

① 寺院墓地、公営墓地、民間墓地の違い

❋ 民間墓地の特性

　民間墓地は企業や財団法人が運営する墓地のことを指します。規模やサービスは多様ですが自由度が高いことが特徴で、多くの場合、宗派を問わず利用できます。そのため家族内で宗教観が異なる場合や特定の宗派にこだわらない方にとって選びやすい選択肢となっています。

　さらに駐車場やバリアフリー設備が整っている場合も多く、訪問しやすい環境があります。供養のできるホールなどが併設されている施設もあり、法事を自宅で行いたくないという家庭が増えている現状を考えると、このことも現代的な選ばれる理由と言えるでしょう。メモリアルアートの大野屋が令和2(2020)年に実施したアンケートによると、改葬の際の移転先として民間墓地が60%を占めています。

　また法事以外にも永代供養や手入れ代行サービス、イベントの開催など利用者に寄り添ったサービスが提供されていることも民間墓地の特徴。こうしたサービスは追加費用が発生する場合も多いのですが、忙しい方や遠方に住む方にとっては大きなメリットとなります。

　なお墓石については、墓地全体のイメージのために統一されているケースもあり、そうでなくても石材店を指定されることがほとんどです。これは協力関係によって利益を生むためと理解されがちですが、基礎工事の方法や使用する材料の基準を同

お墓に関する基礎知識

39

じくすることで墓石が将来的に傾いたり壊れたりするリスクを減らすとともに、トラブルが発生した際の責任の所在を明確にするためでもあります。

●移転前・移転先の墓地形態

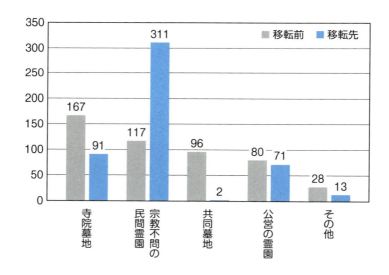

出典：メモリアルアートの大野屋「お墓の引っ越し「改葬」アンケート調査」(2020年)

① 寺院墓地、公営墓地、民間墓地の違い

●寺院墓地・公営墓地・民間墓地の違い

	寺院墓地	公営墓地	民間墓地
宗旨・宗派	原則として檀家になる必要がある。	問わない。	問われないことが多い。
入手のしやすさ	寺院によって異なる（有名・立地のよい寺院は申し込みできない場合がある）。	人気が高く抽選や応募資格（居住要件等）に制限あり。	空いている区画があれば容易に入手できる。
応募時期	原則いつでも応募できる（人気のある寺院は応募制の場合もある）。	人気のある墓地は年1回の場合や空きが出るまで募集されない場合がある。	原則いつでも応募できる。
費用	公営墓地、民間墓地に比べて割高になることが多い。	永代使用料、管理費等、他の墓地に比べて割安な場合が多い。	低価格な墓地もあるが、公営墓地よりは割高になる場合が多い。
石材店の指定	指定業者が決まっていることが比較的多い。	特定の業者を指定することはない。	指定業者が決まっていることが多い。
墓石のデザイン	大きさや形に制限があることが多く、自由度は低い。	条件が定められていることが多く、自由度は低い。	一定の条件が定められていることが多いが、他の墓地に比べると自由度が高い。
メリット	寺院内に墓地がある場合が多く、墓地管理については安心度が高い。手厚く供養してもらえる。	自治体が運営しているため安心度、信頼性が高い。使用料、管理料が他の墓地に比べて割安。	多種多様な墓地があるため、ニーズに沿った選択ができる。申し込み条件が緩く入手しやすい。
デメリット	お布施等の問題をはじめ、費用は他の墓地と比べ割高になる傾向にある。檀家としての責務が生じる。	競争率が高い。生前の申し込みができない。	経営の安定性、信頼性にばらつきがある。費用が割高になることがある。

② お墓に関する基礎知識

2 「新しいお墓」とは

✿ 故人との「つながり」は様々

　近年、従来の墓石を中心としたお墓以外に、様々な形態の供養方法に注目が集まっています。少子高齢化や都市部への人口集中などのほか「お墓に費用をかけたくない」「故人とつながるにあたってお墓は必要ない」といった価値観の変化よってお墓のあり方も多様化しているのです。また故人の遺言で「お墓は要らない」と指定されるケースもあります。ここでは、そうした新しいお墓の形態の代表である「樹木葬」「散骨」「手元供養」についてそれぞれの特徴を紹介します。

　これら新しい供養方法にはメリットだけでなく注意点もあるので、選択にあたっては故人や家族の思いを尊重しながら長期的な視点で検討することが重要です。各供養方法の特徴や費用、法的な制約などを事前に調べ、信頼できる業者や霊園を選ぶことが安心につながります。多様化する供養方法の中から自分たちに合ったかたちを見つけることで、故人との「つながり」をより深めることができると言えるでしょう。

② 「新しいお墓」とは

❀ 「新しいお墓」のかたち①　樹木葬

　樹木葬とは樹木や草花を墓標とする新しい供養のスタイルで、環境に優しい供養方法としても注目を集めています。「自然との共生」がテーマであり、自然のなかで故人を供養できる点が最大の特徴です。樹木や花を墓標とすることで故人が自然へ還るイメージを持つ方も多いようです。

　樹木葬のメリットはやはり維持管理が簡単であること。従来型の墓石墓地は掃除や草むしりなどの管理が必要ですが、樹木葬による墓地は霊園側が管理してくれる場合が多く、遺族の負担が軽減されます。また従来のお墓に比べて費用が抑えられる傾向にあります。ただし霊園の場所やサービス内容によって費用は異なります。

　樹木葬には複数の遺骨を一緒に埋める「集合墓」タイプと個別の区画がある「単独墓」タイプがあります。前者は費用を抑えたい場合や後継者がいない場合に適しており、後者は故人だけでなくゆくゆくは遺族の方も一緒に入ることができるのが普通です。「単独墓」は通常のお墓の墓石が樹木になったと考えればよいでしょう。

　環境的には、山林を生かした里山型と一般の墓地や寺院の中に設けられた公園型があり、日本の場合、公園型が大半です。

　樹木葬を選ぶ際には、永代供養の有無や霊園の契約条件を事前に確認することが重要なのはもちろん、先に述べたように遺

族の方がいずれ利用することも視野に入ってくるので、それぞれの遺族が「じぶんごと」として考える必要があります。

千葉県八千代市にある杜の郷霊園の庭園樹木葬。
シンボルツリーのしだれ梅が故人を見守る

(提供：川辺)

❋ 「新しいお墓」のかたち②　散骨

　散骨とは、火葬後の遺骨を粉末状にして海や山など自然の中に撒く供養方法です。日本では墓地以外での埋葬は原則として禁止されていますが、適切な手順を踏んだ散骨は問題ないとされています。

　散骨のよさは、その「自由さ」に故人の印象を重ねることができる点でしょう。故人の希望や家族の意向に合わせ、自然の中で供養できる点が魅力です。樹木葬同様、地球に優しい供養としても注目されています。墓地を必要としないため樹木葬よりさらに費用が抑えられ、また専門に行う業者も増えておりプランの選択肢が広がっています。

　現状では、海洋への散骨が大勢を占め、故人の希望も多くが海洋散骨です。この際、遺骨をパウダー状に粉砕して海に撒くことになりますが、漁場や海水浴場などを避ける必要があり専門の業者に任せるのが一般的です。

海洋散骨の様子。
献花と共に故人を華やかに
お見送りする
(提供：海洋記念葬®シーセレモニー)

この海洋散骨には、すべての過程を任せる「代行」、遺族数組で行う「合同」、チャーターして行う「個別」があります。また一部を散骨し、一部を次に述べる手元供養のために残す方法もあり、これだと「どこに向けて祈っていいのか、正確な位置がわからない」という海洋散骨に伴う問題を解消できます。

❋「新しいお墓」のかたち③　手元供養

　手元供養はその名称通り遺骨や遺灰を自宅で保管し、故人を身近に感じながら供養する方法です。ペンダントトップに入れたり、小型の骨壺に納めるスタイルが人気を集めていますが、近年では遺骨を加工してアクセサリーにすることもできるようになっています。故人の遺骨や遺灰を文字通り手元に置くことで、いつでも故人を身近に感じられる点が大きな魅力です。

海洋記念葬®シーセレモニーによる手元供養。
散骨業者には、手元供養も合わせて依頼できるところもある

（提供：海洋記念葬®シーセレモニー）

②「新しいお墓」とは

　手元供養は費用や管理面での負担が少ない点が特徴ですが、将来的な扱いについてしっかり考える必要があります。複数の小型骨壷に遺骨を分け後の世代で希望者が引き継ぎやすくする、遺骨に関する情報（火葬証明書、故人の遺言など）をデジタル化して家族間で共有しておくことなどが必須となります。

　また仏壇がすでにある場合は、仏壇に遺骨を置くことも一般的になりつつあります。従来、日本では仏壇とお墓とは区別されてきていましたが、そのあたりの意識も変化し、手元供養に対する抵抗感をなくしています。

メモリアルアートの大野屋による手元供養。
ミニ骨壷からジュエリータイプまで、好みの形で供養をすることができる
（提供：メモリアルアートの大野屋）

好きなところに埋葬できるわけではない

❋ 埋葬に関する法律と規制

　故人を埋葬する場所やお墓を建てる場所は自由に決められるものではありません。

　日本には墓地の設置や埋葬、火葬についての基本的なルールを定めた「墓地、埋葬等に関する法律」（墓埋法）があり、昭和23（1948）年に制定されました。

　墓埋法では、遺体や遺骨の埋葬は許可を受けた墓地や納骨堂などで行う必要があると規定されています。つまり、自宅の庭など好きな場所に許可を得ず遺骨を埋めることは法律上認められていないのです。

　むろんこれには衛生・環境面の理由があります。遺体や遺骨が適切な場所に管理されていないと水源汚染など衛生上の問題が生じ、最悪、感染症の要因ともなります。また実害がなくとも、近隣住民へ心理的負担を与えトラブルになる可能性もあります。そうしたことから、法律によって埋葬の場所や方法は厳しく管理されています。

③ 好きなところに埋葬できるわけではない

❋ 個人で墓地を設置するのは非現実的

　自分の所有する土地にお墓をつくる——そのこと自体は禁じられているわけではありません。ただし、墓地を新たに設置するには自治体の許可を受ける必要があり、この許可を得るためには墓地としての基準を満たさなければなりません。むろん周囲の環境に与える影響や管理体制などが厳しく審査されます。現実的には、基準を満たすための敷地整備、手続きの複雑さ、許可までの時間の長さ、管理コストの負担などの理由から、個人で墓地を設営するのは非常に難しいと言えます。

　したがって、ほとんどの場合、寺院や公共・民間の墓地を利用して埋葬が行われます。これらはすでに自治体や運営団体の許可を受けて設置され、法律に基づいて適切に管理されているからです。

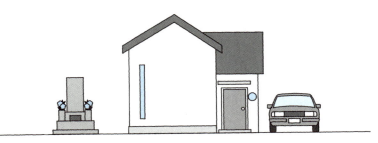

自宅にお墓をつくるのは難しい

❋ 散骨であっても自由に埋葬できない

　第2章2でも触れた通り、近年、散骨など新しい埋葬方法が注目を集めています。散骨を行う場合、「節度をもって行われる限り問題ない」とされていますが、遺骨の取り扱いに関しては、刑法や墓埋法で定められていますので、それらの定めに違反しないようにする必要があります。また、各地域の条例で規制を設けている場合がありますので、事前に調べておくことも大切です。トラブルを避けるためにも専門業者に依頼するのが安心でしょう。

　たとえ散骨であっても遺族が任意の場所に埋葬できないのは、先に触れたように社会的な理由からで、公共の福祉を守るためです。

思い出の公園……

③ 好きなところに埋葬できるわけではない

　お墓や埋葬場所は、故人を弔うための場であると同時に遺族や親族が故人を偲ぶための場であり、そうしたことからも適切な管理が必要となります。このような制約は、故人の尊厳を守り、遺族や社会全体が安心して故人を偲ぶ環境を維持するためでもあるのです。

❊ 埋葬に関する法律は身近なもの

　墓地や埋葬に関する法律を理解することは、日常生活において様々なメリットをもたらします。改葬を行う際には地域ごとに定められた許可や手続きが必要ですが、法律を事前に把握しておけば無駄なトラブルや手続きの遅れを避けることができ、心の負担を軽減する助けになります。

　また当然、外国籍の方も日本で埋葬する際は日本の埋葬法に従う必要があります。ただし、これは文化的な背景も絡んできて、難しい問題もはらんでいます。こうした問題を理解していくためにも、まず私たちが墓地や埋葬に関する法律について知ることが肝要です。

お墓・埋葬に関する法律がある

墓埋法成立の経緯

　第2章3でも触れた通り、お墓や埋葬に関する法律は私たちの社会生活において重要な役割を果たしています。こうした法律は、公衆衛生や地域社会の調和を保つとともに故人の尊厳を守るためにも必要不可欠です。ここでは、日本の墓埋法をさらに詳しく解説します。

　墓埋法は埋葬や火葬、墓地の管理について規定した法律で、社会的・文化的な背景の変化や公衆衛生上の必要性から制定されました。

　日本では仏教伝来とともに火葬が知られるようになり、江戸時代からは都市部で火葬が普及、墓地は寺院に併設されるかたちとなりました。明治6（1873）年に一時「火葬禁止令」が出されましたが、公衆衛生上の必要性からすぐに撤回されています。そして、この時期から墓地や埋葬に関する規制が徐々に整備され、地域ごとの条例や慣習が補完的に用いられるようになりました。

　その後、第二次世界大戦後の社会的混乱の中、墓地の乱開発や不適切な管理が顕在化。こうしたことを受け、昭和23（1948）年に現行の墓埋法が制定され、墓地の設置や火葬場の運営につい

て全国統一の基準が定められました。

　近年では少子高齢化やライフスタイルの多様化に伴い、墓地の利用形態や埋葬方法にも変化が生じています。樹木葬、散骨など新しい供養方法への需要が高まっており、それに対応したガイドラインや規制の整備が進められています。

　墓埋法は、歴史的背景と現代の課題を反映しながら、社会の変化に応じて柔軟に対応するかたちで運用されようとしています。

墓地の設置と運営

　墓埋法では、墓地の設置や運営、埋葬や火葬の手続き、さらには遺骨の取り扱いに関する規定が設けられています。自由に個人の庭や山林などへ遺体を埋葬することは原則として禁止されており、一定の基準を満たした墓地で埋葬を行う必要があります。また墓地を設置・運営するためには都道府県知事の許可を得る必要があると定められています。この規定は無秩序な墓地の設置を防ぎ、地域の景観や衛生環境を守るためのものです。設置場所についても、周辺の住環境を考慮した上で一定の条件が求められます。

❋ 火葬と埋葬の手続き

　遺体を火葬し埋葬する場合、市区町村の役所に死亡届を提出し許可を得る必要がありますが、意外なことに墓埋法で火葬が義務づけられているわけではありません。むろん日本では火葬が大半であり、じつはこれは世界的には珍しいことでもあります。仏教の影響もありますが、土葬にする場合、きわめて面倒な手続きが必要で、衛生面や土地利用の観点から多くの自治体が条例によって火葬を推奨または事実上義務化しています。現在、火葬率は99.97％（令和5年度厚生労働省「衛生行政報告例」）となっています。

　火葬は土葬と異なり感染症リスクなどが低減されることが大きな特徴ですが、しかし火葬後の遺骨を埋葬する場合も墓地内に適切な場所を選び、墓地管理者の指示に従うことが求められます。

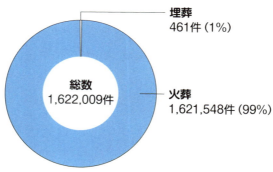

出典：厚生労働省「衛生行政報告例」（令和5年度）

④ お墓・埋葬に関する法律がある

✿ 散骨の取り扱いはグレーゾーン

　散骨する場合、公衆衛生や地域社会への影響を考慮し、海や山など特定の場所で慎重に行うことが一般的になっています。また遺骨を自宅で保管する場合でも、家族間での合意や保管場所の適切な管理が要求されます。

　じつは、散骨についてはグレーゾーンでもあります。というのは、散骨という価値観が出現したのは墓埋法の制定以降だからです。

　これについて法務省は平成2（1990）年に「節度をもって葬送の一部として行われる限り問題はない」というコメントを非公式に出しています。あくまでコメントであり法制ではないので、それだけにここでいうところの「節度」が非常に重要になります。さらに自治体によっては条例で散骨を規制しているところもあります。

　日本では、散骨に関する明確な法的枠組みが存在しませんが、令和3年3月に厚生労働省が散骨を行う事業者や関係者が遵守すべきガイドラインを発表しました（令和2年度厚生労働科学特別研究事業「墓地埋葬をめぐる現状と課題の調査研究」研究報告書より。散骨に関するガイドライン（散骨事業者向け））。

　ガイドラインは散骨を行う業者向けのもので、散骨を行う上でのルールやマナーが具体的に示されており、散骨を行う業者が法令を遵守して安全な散骨を行うための指針となっています。

2

お墓に関する基礎知識

ガイドラインでは、散骨の定義や散骨を行う場所、散骨を行う際の注意点、事業者が守るべきことなどが詳しく定められています。例えば、散骨の際に遺骨をどのように処理するのか、どこで散骨を行えばよいのかなどの具体的な内容が盛り込まれています。

また、令和5年9月には国土交通省からは、海上散骨に関するガイドラインが発表されており、海上散骨を行う場合に遵守すべき事項が定められています（国土交通省「海上において散骨する場合において遵守すべき海事関係法令の解説」）。

業者を選ぶ際には、ガイドラインを遵守している散骨業者であるかを確認するとよいでしょう。

現在、散骨について、海洋散骨が大勢を占めていますが、これについても陸地から見えない場所で行うなど配慮が必要で、やはりそうした事情に詳しい業者を選ぶことがトラブルを避け、故人の威厳を守ることにもつながります。

❇ 違反した場合の罰則

墓地や納骨堂を経営する際の都道府県知事の許可を受けることに違反した場合や使用制限・停止命令に違反した場合は「6か月以下の懲役または5000円以下の罰金」の罰則が科されることがあります。また、火葬までの時間や墓地域内での火葬、埋葬や火葬に許可が必要となるなどの違反や都道府県の職員の立ち入

りを拒否した場合の違反には、1000円以下の罰金又は拘留若しくは科料に処されます。これらの罰則は、法律の遵守を促すとともに、公衆衛生や地域社会の秩序を守るためのものです。

お墓や埋葬に関する法律は、私たちの生活において欠かせない基盤です。墓埋法を理解し適切に従うことで、故人の尊厳を守り地域社会との調和を保つことができるといえるでしょう。

●墓地、埋葬等に関する法律（墓埋法）

第20条　左の各号の一に該当する者は、これを6箇月以下の懲役又は5000円以下の罰金に処する。

一　第10条の規定に違反した者

二　第19条に規定する命令に違反した者

第21条　左の各号の一に該当する者は、これを1000円以下の罰金又は拘留若しくは科料に処する。

一　第三条、第四条、第五条第一項又は第十二条から第十七条までの規定に違反した者

二　第十八条の規定による当該職員の立入検査を拒み、妨げ、若しくは忌避した者、又は同条の規定による報告をせず、若しくは虚偽の報告をした者

5 お墓は相続財産になるのか

🌸 お墓は相続するの？

　お墓は相続財産ではなく、「祭祀財産」となります。
　民法は、お墓などの「祭祀財産」は一般的な相続の対象とはせず、「慣習に従って祖先の祭祀を主宰すべき者が承継する」と定めています（民法897条1項）。お墓や仏壇など、先祖を祀るために必要な財産のことを民法では「祭祀財産」といい、不動産や預貯金のような相続財産とは区別されて扱われています。
　祭祀財産を守る人のことを「祭祀承継者（祭祀主宰者）」といい、お墓は祭祀承継者が承継することになります。
　仏壇や墓などの祭祀については、どんなに高価なものであっても、相続財産には含まれません。例えば、長男の方が、高価な

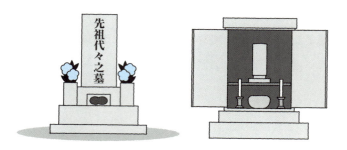

⑤ お墓は相続財産になるのか

仏壇や墓を引き継いだとしても、その財産的価値について相続分から減らされてしまうことはありません。

> ● 祭祀に関する権利の承継
>
> 第897条
>
> 1　系譜、祭具及び墳墓の所有権は、前条の規定にかかわらず、慣習に従って祖先の祭祀を主宰すべき者が承継する。ただし、被相続人の指定に従って祖先の祭祀を主宰すべき者があるときは、その者が承継する。
> 2　前項本文の場合において慣習が明らかでないときは、同項の権利を承継すべき者は、家庭裁判所が定める。

❋ 祭祀財産とは？

　民法は、「系譜」・「祭具」・「墳墓」の3種類を定めています。「系譜」とは、歴代の家長を中心に先祖以来の系統（家系）を表示するもの、すなわち家系図や過去帳などを指します。「祭具」とは、先祖の祭祀、礼拝の用に供されるもの、すなわち位牌、仏壇、仏具、神棚などを指します。「墳墓」とは、遺体や遺骨を葬っている設備、すなわち墓石、墓碑、埋棺などを指します。

　墓地の所有権や墓地の使用権も「墳墓」に含まれると考えられています。

❀ お墓は誰が承継するの？

　祭祀財産を誰が承継するかは慣習に従います（民法897条1項）。

　ただし、被相続人の指定がある場合には、指定された人が祭祀承継者となります。被相続人による祭祀承継者の指定は、遺言によることもできますが、特に方法が決められているわけではありません。例えば、被相続人が口頭で指定したのであっても有効です。

　被相続人が祭祀承継者を指定しておらず、かつ、慣習が明らかでないときであって、利害関係人との間に争いがある場合には、家庭裁判所が定めます（民法897条2項。祭祀財産承継者の指定の調停申立）。

　祭祀財産は相続財産ではありませんので、祭祀承継者が相続人であるかどうかは関係がありません。したがって、被相続人の指定によれば、相続権を持たない内縁の妻が祭祀承継者になることもできます。

　ただし、墓地や霊園を管理する側の規定などで、墓地使用権の承継の範囲について、一定の制限が設けられている場合があります。例えば、都立霊園の場合、お墓を承継できるのは祭祀承継者であり、原則として墓地使用者の親族などであることが条件とされています。また、相続人が相続放棄をした場合であっても、祭祀承継者となることも差し支えありません。

⑤ お墓は相続財産になるのか

●**祭祀承継者の決定方法**

以下の (1) ～ (3) の優先順位で決定されます。

(1) 被相続人が指定

(2) 慣習によって決定

(3) 家庭裁判所が決定

お墓を継ぐと税金がかかるの？

祭祀財産には相続税がかかりません（相続税法第12条1項2号）。

前述のとおり、お墓などの祭祀財産は一般に相続財産と分けられて考えられています。そのため、相続税対策として生前にお墓を購入する人もいます。もちろん、不動産取得税や固定資産税を支払う必要もありません。

●**祭祀財産**

祭祀財産		
系譜	祭具	墳墓
家系図、過去帳 など	位牌、仏壇、仏具、 神棚　など	墓石、墓碑、埋棺、 墓地の所有権、 墓地の使用権　など

これらには、相続税、不動産取得税、固定資産税はかからない

61

6 お墓を承継したら何をすべきか

❈ 名義変更手続きを行う

(1) 墓地管理者に連絡

　お墓の名義人が亡くなったら、お墓のある寺院・霊園が定める規約に基づいて「名義変更手続き」が必要になります。手続きは寺院・霊園ごとに異なりますので、必ずお墓のある寺院・霊園に問い合わせをして、必要な書類や手順を確認しましょう。

(2) 必要書類の準備

　一般的には次の表に記載されているような書類の提出を求められることが多いようです。

- 所定の名義変更届（名義変更申請書）
- 所定の同意書、承諾書
- 墓地使用許可証（永代使用許可証）
- 現在の名義人の死亡証明書
- 現在の名義人の死亡記載の戸籍謄本類
- 承継者の戸籍謄本（抄本）・住民票
- 承継者の印鑑証明書

（3）手数料の準備

　お墓の名義変更手続きには手数料がかかります。墓地の運営母体によって名義変更の費用目安は異なります。おおまかな目安は以下の通りです。

- 公営墓地：数百円〜数千円
- 民営霊園：数千円〜1万円以上
- 寺院墓地：数千円〜1万円

　寺院墓地に関しては、名義変更手数料がかからない代わりに、お布施が必要になるケースもあります。墓地の名義を引き継ぐだけでなく檀家としての立場も含めて引き継ぐことになるからです。お布施の金額がわからない場合は、寺院に確認をしましょう。

❁ お墓を承継するとどんな負担が生じるのか？

（1）年間管理料

　お墓を建てた後は、毎年、寺院、霊園に対する年間管理費が発生します。

　年間管理費は墓地の水道代や共用部の管理・清掃などに使われる費用のため、お墓がある限りは寺院や霊園に対して毎年払わなければなりません。支払いは年1〜2回、金額は墓地の管理・

運営者によって異なりますが、年間数千円～2万円程度が相場とされています。

　実際の管理費は設備や立地などによっても大きく変わります。交通アクセスのよい市街地や設備の整った霊園、墓石や納骨堂が建物の中にある室内霊園など、利便性の高い墓地・霊園では管理費も高額になる傾向があります。

　なお、永代供養では最初に永代供養料がかかった後は管理費などがかからないことが多いようです。

（2）修繕費

　お墓は長きにわたって代々受け継がれていくものです。墓石は屋外だと雨風にさらされていますので、お墓のひび割れ、欠け、傾き、文字の色あせなど、劣化や傷みが発生し、お墓の修繕費が必要になることがあります。

　お墓の修繕費用は作業内容で異なりますが、数千円から数十万円以上かかることもあります。墓石の経年劣化は避けられませんので、普段からこまめなメンテナンスやクリーニングを心がけておけば、大きな破損やトラブルの防止にもつながります。

（3）寺院へのお布施や寄付

　寺院の檀家として墓地を使わせてもらっている場合は、定期的にお寺に対するお布施や寄付も必要になってくる場合があり

6 お墓を承継したら何をすべきか

ます。

　例えば、身内の葬儀や法要の際に墓前での読経を行ってもらう場合には、僧侶へのお布施を包まなければなりません。また、檀家は墓地の管理費の他に寺院の修繕費や改修工事費を寄付するのが一般的とされています。お布施にかかる金額としては、法事の際は3万円～5万円、葬儀の場合は20万円～30万円、法要に参列する場合は3000円～5000円程度が相場とされています。

　お寺の建物に修繕や建て替えが必要になった場合の寄付額は、寺院との関係や檀家によって異なるものの、10万円単位での寄付を依頼されるケースもあるようです。

　このようにお墓を承継すると様々な負担が生じることになります。

　お墓を継ぐ手続きを経た後には祭祀主宰者の立場となり、お墓を維持・管理する責任が生じます。お墓の承継が問題となった場合には、こうした将来の負担を考慮し、自身の状況を踏まえて、親族や関係者としっかりと話し合い、将来のお墓のあり方についてよく話し合っていくことが大切です。

長く故人を偲ぶための お金の工夫

❋ 自分でメンテナンスを行うことも供養

　お墓を承継した場合、お墓を新たに設営した場合、さらには改葬した場合、いずれのケースにおいてもそれを維持していくための費用が必要です。とくに改葬は維持費軽減のために行われるケースも多いので、いかにコストを抑えつつ故人を偲ぶ環境を整えるかが重要になります。

　お墓の維持管理費用には、第2章6で見たように管理費とお墓自体（墓石）の修繕費がありますが、この他にも多岐にわたり、たとえばお墓の清掃代行サービスもその1つです。プロによる清掃は、墓石のクリーニングや雑草の除去、花立ての清掃などに及び、代行費用は1回あたり5000円〜2万円程度が相場です。

　そしてここでポイントになるのは、このような維持管理費用は定期的に訪れるなど自身で手入れをすることで低減できることです。すなわち、供養したいという気持ちが費用節減につながるのです。むろん、そのために利便性のよい墓地に改葬するという選択もあるでしょう。

⑦ 長く故人を偲ぶためのお金の工夫

❋ 費用を抑えるための知恵

　費用節減を考えたとき、やはり管理費を見直すことが重要になります。

　改葬は管理費が高い、あるいは管理が費用に見合っていない場合に行われるケースも多く、このことも含め長期的な視点での検討が必要です。

　近年では、同一墓地内でお墓の形態を変えることも費用低減の観点から注目されています。たとえば樹木葬や永代供養墓を選ぶことで維持費を抑えることができます。また当然ながら海洋散骨、手元供養、あるいはこれらの組み合わせの場合は管理費がかからないことがメリットとなります。

　供養に関する費用の見直しも検討に値します。

　法要やお盆の供養は寺院に依頼するのが一般的ですが、その際の寄付やお布施の金額は本来、無理のない範囲で設定するものです。それら費用がどのような内訳で構成されているのかを確認し、その上で相場感を把握することで不明瞭な支払いを避けることができます。寺院によっては定額のプランを提供しているので、一度相談してみるとよいでしょう。

　また寺院に頼らず家庭や個人で供養を行うことも1つの方法で、これによって遺族がお経を覚え、仏の教えに近づくという側面もあります。むろん線香や花を手向けるだけでも十分な供養となります。

2

お墓に関する基礎知識

なお檀家制度においては法要や寺院行事への参加が義務付けられているケースがあり、そのための費用が発生します。現在では、檀家を離れる選択肢（離檀）を取る家庭も増えていますが、離檀には手続きや費用が伴うこともあり慎重な判断が求められます。

✿ 修繕には助成制度を活用

多くの自治体では、お墓の移転のほか修繕に関しても補助金制度を設けています。役所や自治体のホームページで情報を確認し、該当する制度があれば申請してみましょう。

補助金制度は主に公営墓地や共同墓地のお墓の修繕を対象としていることが多く、具体的な対象は自治体によって異なりますが、一般的には倒壊の危険がある墓石の補修や崩れた基礎部分の補強工事などが含まれます。

申請条件としては、自治体が管理する墓地にお墓を持っていること、修繕が必要な状況であることが求められます。申請書類には、墓地の使用許可証や修繕の見積書、必要に応じて現場の写真を添付する必要があります。補助上限額は数万円から十数万円程度が一般的。年度ごとに予算が決められているため、早めの確認と申請が肝要です。

これら情報は、自治体の公式ホームページや生活支援課、環境課などで得ることができ、また窓口では具体的な手続き方法を

⑦ 長く故人を偲ぶためのお金の工夫

教えてもらえます。こうした補助金制度を活用することで、経済的な負担を軽減しながら大切なお墓を守ることができます。

2 お墓に関する基礎知識

助成金制度については各自治体へ確認を

Q お墓の管理者からの管理料の値上げには絶対に応じなければならないのでしょうか？

A 　管理料の値上げを求められたら、お墓の管理に関する契約書や規約で管理料の値上げに関する条項や条件が記載されているかどうかを確認することになります。
　公営墓地の場合、条例または規則の改正によって管理料の値上げが可能となっています。
　民間墓地の場合にも、通常は契約書や使用規則に「社会情勢の変動等により、管理料が不均衡になったときは、墓地管理者はこれを改定できる」といった趣旨の規定が定められています。ただし、このような規定がある場合でも、いくらでも値上げができるわけではなく、経済情勢の変動を踏まえた必要かつ相当と認められる範囲内にとどまると考えられています。

? Q&A

Q お墓を継ぐと絶対に檀家にならないといけないのでしょうか？

A お墓が寺院にある場合、祭祀承継するためには寺院の檀家であることが必要であることが多いとされています。

檀家とは「特定のお寺に属し、供養や葬儀などを行ってもらうことと引き換えに、そのお寺に寄進・御布施をしてそのお寺を支えていく家」を指します。自己の信仰との関係などから、どうしても寺院の檀家となることができない場合があり得ます。

このような場合、檀家になれない方はお墓を継ぐことはできないのでしょうか。

この点に関して、過去の類似の事案（改宗離檀の事案）において、裁判所は「当該墳墓の祭祀を司る者が改宗離檀したからといって、その者及びその親族の墓地使用者はこれによって当然消滅するということはできない」と判示しました（津地方裁判所昭和38年6月21日判決）。

そのことからしますと、祭祀承継する場合に檀家にならなくても墓地を承継することができないわけではないとも考えることができます。

もっとも、寺院墓地にお墓がある場合、墓地使用規則で祭祀承継者が檀家契約を締結する必要があると定め

ていることや、遺骨の埋蔵に際して施行される読経等の
典礼について寺院と祭祀承継者が希望する宗派・宗教間
の問題が生じる可能性があります。

　そのようなトラブルを回避するために、事前に親族や
寺院ともよく相談した上で進めるのがよいでしょう。

第 3 章

改葬・墓じまいを始める前に

改葬・墓じまいの流れを把握する

❈ 改葬と墓じまいの違い

　改葬と墓じまいは、お墓から遺骨を取り出すという点から混同されやすいです。改葬は、今あるお墓をそのまま別の場所へ移したり、お墓は処分して別の（または新しい）お墓に納骨して供養したりすることをいいます。一方の墓じまいは、お墓そのものを完全に処分・撤去します。

　改葬は「墓地、埋葬等に関する法律（墓埋法）」で「埋葬した死体を他の墳墓に移し、又は埋蔵し、若しくは収蔵した焼骨を、他の墳墓又は納骨堂に移すこと」と定義されています。すなわち、家に例えるなら引っ越しに相当する行為といえるでしょう。

　よく墓地に関する権利として「永代使用権」という言葉が使われますが、これは法的に定義されたものではありません。あえて表現するなら、地上権（物権）、貸借権、使用貸借権などに該当すると考えられ、持ち主が対象物件を自由に処分できる「所有権」とは違います。加えて、改葬は移動する対象が遺骨などになるために、墓埋法に従って正しい手順を踏まなければならないのです。

　このように、改葬は故人への供養を継続しながら、お墓の管理

に関する問題を解決するものですので、今後もお墓の維持管理が続くことになります。

　墓じまいは法律用語ではなく、一般に「現在のお墓を解体・撤去して更地にし、その使用権を墓地の管理者に返還すること」とされています。このとき、遺骨などがあればそれは墓埋法に従って対応しなければなりません。ほかのお墓に移すならば改葬と同じになりますが、それ以外にも手元供養や散骨などといった方法もあります。

	改葬	墓じまい
目的	供養の継続とお墓の管理問題の解決	お墓の完全な撤去と供養方法の変更
お墓の扱い	お墓は残る（または新しいお墓を建てる）	お墓を撤去する
遺骨の扱い	別の墓地や納骨堂に移動	散骨や永代供養施設などに移動

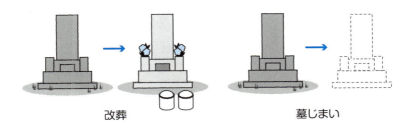

改葬　　　　　　　　　墓じまい

❀ 改葬の手順

　改葬を行う場合、現在墓地のある場所を所管する役所で申請をしなければなりません。事務的な手続きとしては、引っ越し先の墓地の管理者から「墓地使用許可証（受け入れ証明）」をもらい、改葬許可申請書に添付して申請します。このとき、現在の墓地の管理者から埋蔵証明（収蔵証明）をもらうのですが、これは申請

●改葬の流れ

（1）現在の墓地がある役所で改葬申請書を入手

▼

（2）新たな墓地を探して使用権を得て、墓地使用許可証（受け入れ証明）を取得し、新たな墓を建立

▼

（3）現在の墓地管理者から埋蔵（収蔵）証明を取得

▼

（4）現在の墓地がある役所に改葬申請書（墓地使用許可証・埋蔵証明を添付）を提出し、改葬許可証を取得

▼

（5）現在の墓から遺骨を取り出し、新たな墓に移動（この間、閉眼供養・開眼供養等の宗教儀式を行う場合がある）

書に現在の墓地の管理者が署名・捺印をすることで、証明したことになります。申請が通れば、役所から改葬許可証が下りるので改葬を行うことができるようになります。

　実務的な手順としては、まず引っ越し先の墓地を探して、使用権を取得しておく必要があります。申請と並行して新しい墓地に墓を建て、改葬許可が出たら現在の墓から遺骨などを取り出し、新しい墓に収めれば改葬は終了します。この間、宗教に入信している場合は、宗旨に沿った閉眼・開眼などの宗教的儀式を行います。

❄ 墓じまいの手順

　墓じまいもおおよそは改葬と同じなので、事務的には改葬許可証の取得など、同様の手続きが必要になります。ただ、改葬は複数ある遺骨の1柱を移す場合があり、必ずしも墓じまいが伴うとは限りません。墓じまいはその墓からすべての遺骨が移転し、かつその墓を今後使用しない場合に限って行われます。

　墓じまいで重要なのは、事前に遺骨をどのようにするのかを、検討・決定しておくことです。遺骨は墓埋法に基づいて扱わなければならず、それを違えれば死体遺棄罪に問われかねません。改葬のように新たに建てた墓に埋葬しない場合は、永代供養墓（合同墓、集合墓など）、散骨、手元供養などといった方法がとられます。

遺骨をどうするか決まったら改葬許可証を取得し、墓から遺骨を取り出します。その後、墓石を撤去して区画を整地するなど原状復帰を行い、墓地管理者に返却をします。この手続きを終えることで、その墓地に関するすべての権利を放棄したことになります。

●墓じまいの流れ

（1）現在の墓地管理者に墓じまいを知らせ、埋蔵証明を取得

▼

（2）現在の墓がある役所に改葬申請書を提出し、改葬許可証を取得

▼

（3）現在の墓から遺骨を取り出し、墓石の撤去や整地を行って管理者に返却

事前に考えるべきポイント

❋ なぜ改葬・墓じまいをしなければならないのか

　改葬や墓じまいは、一般に祭祀承継者が中心になって行います。祭祀承継者は民法で定められており「被相続人が指定する」「慣習によって決める」「家庭裁判所が指定する」などして決定しますが、登記簿などに登録をするといったことはないので、年月が経つと誰がその役割を担っていたか、わかりにくくなることもあります。そのような場合、

(1) 事実上、家族・親族を代表して墓を管理している人（墓地管理者に登録し、管理料を支払っているなど）
(2) 墓の近くに住んでいて、日頃の手入れやお参りをしている人
(3) 墓に入っている人の葬儀の際、喪主であった人

などがその役割を行うこととなります。
　この祭祀承継者を中心に、墓に関わる家族・親族の間で「なぜ改葬・墓じまいが必要なのか」ということの合意を得ておくことが重要になります。改葬や墓じまいは一度行うと、元に戻したり、やり直したりするのは簡単ではありません。何年か経ってか

ら、行ったことを後悔しても遅いのです。

✾ 遺骨をどのように扱うか

　改葬・墓じまいは、墓埋法の規定に従って行わなければなりません。とくに遺骨の扱いを間違うと、刑法によって罰せられることもあります。ですから、改葬・墓じまい後の遺骨について、どのように扱うのかということを決めておく必要があります。

　改葬の場合は新しい墓を用意することになるので「なぜその場所にするのか」「今回改葬に至ったのと同様の問題が今後起きないか」などを、よく検討しておきましょう。

　墓じまいをする場合は、遺骨は「散骨する」「合同墓に納める」「手元供養をする」などとなるので、あらかじめ、それらのメリット、デメリットを把握しておく必要があります。

✾ 改葬・墓じまいの費用は誰が出すのか

　詳細は第3章8で解説しますが、改葬・墓じまいには少なくない費用がかかります。中心となる祭祀承継者は、民法の規定により「系譜、祭具及び墳墓の所有権は、前条の規定にかかわらず、慣習に従って祖先の祭祀を主宰すべき者が承継する。ただし、被相続人の指定に従って祖先の祭祀を主宰すべき者があるときは、その者が承継する」（墳墓は事実上使用権である場合が多い）と

②　事前に考えるべきポイント

なっています。

　しかし、この祭祀承継に関する権利は相続財産などに比して、金銭的なメリットがあるとはいえません。むしろ、手間や費用などの負担のほうが大きいといえるでしょう。この上、祭祀承継者が改葬・墓じまいの費用をすべて負担するのは、難しいと考えても無理はありません。墓の維持・管理は祭祀承継者だけで行うものではありませんが、協力可能な親族などがどれくらいいるのかは個々に事情が異なります。

　改葬・墓じまいを決める前にかかる費用の概算を見積もり、墓に関わる人たちと費用負担について、話し合っておくことは重要だといえるでしょう。ただ、ここで関係者の賛同を得るためには、改葬・墓じまいの必然性について、納得をしてもらわなければなりません。それぞれの事情や価値観の違いがあるので、急いで結論を求めず、丁寧な話し合いが必要になります。

●考えておくべきこと

なぜ改葬・墓じまいをするのか？	「遠距離で維持・管理が難しい」「経済的な負担を軽減したい」などの理由を明確にする
遺骨はどのように扱うのか？	新しい墓に移すか、墓じまいをするのか、メリット・デメリットと合わせて方向性を決める
誰が費用を負担するのか？	あらかじめ費用を見積もって、すべて負担できるのか、家族・親族と協力できるのかを確認する

家族や親戚との話し合いは必ず行う

✤ 墓に関わる人は意外に多い

　第3章2の通り、改葬・墓じまいは祭祀承継者が中心となって行うことになります。とはいえ、当人の都合だけで勝手に推し進めれば、のちにトラブルのタネを作ることになりかねません。日本古来の墓には「○○家先祖累代」などと記されています。これは、他の多くの宗教に見られるような、故人ごとに建立される個人墓とは性格が異なります。

　個人墓や夫婦2人だけが入る夫婦墓では、カロート（遺骨を納めるお墓の中のスペース）には対象者の遺骨しかありません。しかし「○○家先祖累代」と記された累代墓には、その家の先祖の遺骨が複数納められていることが多く、それぞれに縁者が存在します。例えば、祖父の遺骨が納められている場合、叔父（伯父）、叔母（伯母）、いとこなどが縁者になりますから、墓は彼らにとっても参拝の対象になっているのです。

　価値観が多様化しているので、墓に重きを置かない人もいるかもしれませんが、彼岸や盆には必ずお参りをする人も存在します。後日、親類・縁者から不平不満が出て、紛争に発展することもあります。そのような事態を避けるためにも、改葬・墓じま

③ 家族や親戚との話し合いは必ず行う

いを計画したときには、事前に関係する親類・縁者と相談することが望ましいでしょう。

例 祖父の遺骨がある墓
→叔父（伯父）、叔母（伯母）、いとこ等の縁者もお参りにくる
→縁者に相談しないでお墓を移すとトラブルにつながりやすい

具体的に話し合うこと

墓に関わる親類・縁者には「なぜ、改葬や墓じまいが必要なのか」ということを、わかってもらわなければなりません。例えば、

（1）居住地と物理的に距離が離れていて管理が難しい
（2）墓の管理が負担である
（3）次の祭祀承継者がいない（もしくは子に負担を強いたくない）

などといったことが理由として挙げられます。これらに納得してもらえる場合もありますが、そうでなければ次善策を協議す

ることになります。もっとも、多くの人が意見や主張を個々の立場で展開すれば、簡単にはまとまらなくなる危険性があります。しかし、現状の問題点がしっかりと理解されれば、金銭負担や役割分担を行うなどといった、何らかの妥協案や解決策に到達することができるでしょう。

「誰の遺骨を移すのか」ということも、話し合っておく必要があります。墓じまいであれば、すべての遺骨を移動させることが前提になります。しかし、親類・縁者の中からは「一部の遺骨は現在の墓に残してほしい」というような希望が出るかもしれません。そのような場合は、分骨をしたり移したい遺骨だけを改葬したりするなどの解決策が考えられます。

また、移転先の墓の形態についても同意を得ておいたほうがよいでしょう。改葬の場合は新たに墓を建立することになりますが、墓じまいであれば永代供養墓、散骨、手元供養などになるので、移転後に親類・縁者が参拝可能かどうかという点が問題になることも考えられます。

現在は価値観が多様化してきているために、これまでの慣習に当てはめるのも難しいこともあるでしょう。しかし、墓は祭祀承継者1人の所有物といえるものではなく、親類・縁者すべての宗教的・精神的な存在として深く関わるものです。人によっては、心の拠り所となっている場合もあります。現代社会において親類・縁者とのつながりは、必ずしも濃いものではないのかもしれませんが、切り捨ててよいというものでもありません。憂いを

③ 家族や親戚との話し合いは必ず行う

残さないためにも、墓に関わる人たちとは十分な話し合いを行って、互いに納得できるようにしておくことが肝要なのではないでしょうか。

③ 改葬・墓じまいを始める前に

- なぜ改葬・墓じまいをするのか
- 誰の遺骨を移すのか
- 新しいお墓はどんな形態か（散骨、手元供養など含む）
  など

自分勝手に進めずに、親族間でしっかり話し合うこと

家族会議の開き方と合意形成のコツ

❋ 改葬や墓じまいは揉めやすい

　お墓の管理が困難になったり、子どもたちにお墓の管理の負担を負わせたくないといった理由などから改葬や墓じまいを考えたものの、家族や親族の反対にあってうまく進まないこともあります。

　改葬・墓じまいは先祖に対する考えや祟りなどを理由に親戚から反対されるケースが少なくありません。また、進め方によっては家族関係が悪化したり、最悪のケースは改葬・墓じまいを断念せざるを得なくなることもあるでしょう。

　改葬や墓じまいを穏便に進めるためには、家族間の丁寧な話し合いが重要になります。そこで、ここでは改葬・墓じまいを進める際に意識しておきたい家族会議のポイントについて説明します。

❋ 家族会議を開くタイミング

　お墓に関わる話は普段はなかなか話しづらい内容ですが、次のようなタイミングを利用して話し合いの場を持つとよいで

しょう。

（1）親の健康状態が気になったとき

　親の健康状態が思わしくないときは、改葬・墓じまいを含めたお墓に関する話題が増える傾向にあります。

　ただし、そんなときでも、子から親へのお墓の話の運び方にも配慮が必要です。そのつもりがなくても亡くなるのを待っているなどと受け止められてしまいかねませんので、まずは将来の相談として話してみるのがよいでしょう。

　親子といえども十分に気をつけて話し、少しでも話すことに拒否反応が見られた場合は、話を中断し、話題を変えるなどの配慮が必要です。

（2）法要が近づいてきたとき

　法要が近づくと、家族も集まりお墓について話し合う機会が自然と訪れやすくなります。この機会を話し始めるきっかけとするのもよいでしょう。

　大勢の家族がいる中で相談を含めた形で一緒に話すことで、家族同士の同意を得られやすくなるケースがあります。

（3）お盆、年末年始、ゴールデンウィークなどの長期休暇

　里帰りなど一堂に集まる機会に、墓じまいや将来の供養形態について話し合うこともよいでしょう。

ただし、楽しいはずの休暇が台無しにならないよう「墓じまいをする」など一方的に決めつけて話を進めるのではなく、後述のポイントを意識して話し合いの場を持つようにしましょう。

(4) 墓じまいを考え始めたとき

墓じまいを検討し始めたときから、早めに家族との間で将来の相談事として話し合いの場を持つようにするとよいでしょう。

これにより、家族全員が墓じまいの理由や必要性について理解し始め、時間に余裕を持って意見を共有することができます。

❀ 家族会議での意識すべきポイント

家族会議を円滑に進めるためには、次のポイントを意識しておくとよいでしょう。

(1) 冷静な対話を心がける

家族間で改葬や墓じまいに関する意見が対立する場合がありますが、冷静な対話を心がけましょう。

ゆとりを持って改葬・墓じまいの理由とメリットをじっくりと話し合うことが大切です。当日に全員一致の意見にならずとも、後日、またはもっと時間をかけて打ち合わせも挟みながら、話を進められるとよいですね。

(2) 柔軟な考え方を持つ

お墓のあり方について唯一の正解というものはありません。意見が分かれた場合、柔軟な考え方を持ち、解決策を模索する姿勢が重要です。どちらの意見も尊重して、お互いにじっくりと耳を傾ける姿勢を目指しましょう。すぐに結論を出そうとせずに、じっくりと話し合うようにしましょう。

(3) 家族全員の意見を尊重する

改葬や墓じまいは、自分だけではなく家族全員にも影響がある重要な事柄です。改葬・墓じまいを行う前に、家族会議を開催するなどして、家族の意見を共有し、同意を得ることが大切です。家族会議では、できる限り全員の意見を尊重し、合意に至るように全員で丁寧に話し合うことが重要です。

家族全員が納得できる結論を導くことで、その後の改葬・墓じまいを円滑に進めることができます。

(4) 専門家の意見を求める

改葬や墓じまいに関する知識や情報が不足している場合、専門家（墓じまい代行業者・墓じまいを得意とする石材店、弁護士など）の意見を求めることは近道を見つけるヒントになります。いくつかのアドバイスを聞くことを検討してください。

専門家のアドバイスで家族全員が納得できる結論を導くことができることもあります。

菩提寺と相談する

菩提寺とは

　本来、菩提寺とは一家・一族が帰依をして、先祖代々の菩提を弔う寺院のことを指します。一家・一族は法事などを菩提寺に依頼し、その際には布施を行います。この一連の行為は菩提寺の保護や維持に貢献するので、これを行う一家・一族を一般に檀家と呼んでいます。この仕組みは、江戸時代の寺請制度により確立しました。

　現在では核家族化や転勤などにより、同じ土地に長く住まないというパターンが多くなってきたため、墓のある菩提寺と関わりの薄い人が増えています。菩提寺で代替わりが行われても、新しい住職と一度も顔を合わせたことがないという人もいるでしょう。だからといって、改葬・墓じまいを事前に菩提寺と相談せずに進めることは、好ましいとはいえません。

　菩提寺は、一家・一族の墓を長く維持・管理をしています。また、先祖は代々過去帳に記録されているので、彼岸、盆、回忌法要などで供養が行われます。これらの供養の際には、檀家は参拝をしてお布施を包むなどするのが一般的です。しかし、檀家が遠方にいるなどの理由で不在でも、住職が単独で営んでいるので

⑤ 菩提寺と相談する

す。こういった菩提寺の配慮に対して、改葬・墓じまいを持ちかける際には、相応の気遣いをすることが望ましいといえます。

❋ 菩提寺が「墓地管理者」なら事前相談は必須

第2章1でも触れた通り、墓地には、いくつかの種類があります。「公営墓地」は、地方公共団体やその指定管理者が管理しているので、寺院が「墓地管理者」として関わることはありません。これに対して、菩提寺境内にある墓地（境内以外の場所に存在する場合もある）は、一般にその所有権や管理権などを寺院が持つ「寺院墓地」になります。当然、墓地管理者は菩提寺になります。「民営墓地」は宗教法人、非営利団体、公益法人などが経営主体となっていますが、実際の運営にあたって寺院と深い関わりを持つ場合があります。「共同墓地」は、地域で運営されるのが一般的です。しかし、中には地域の寺院に事務手続きや運営を、一

墓地の管理に菩提寺が関わっていたら、必ず相談すること

3 改葬・墓じまいを始める前に

任していることがあります。この場合、墓地管理者は実質的に寺院であると考えてよいでしょう。

　改葬・墓じまいを進めるには、墓地管理者に「改葬許可申請書」に添付する「埋蔵証明書（収蔵証明書）」を発行してもらわなければなりません。すなわち、菩提寺が墓地管理者であったり、事務手続きを委託されていたりした場合は、手続き上でも必ず関わりが出てくるのです。

　近年、檀家の減少が著しいために収益が悪化している寺院が数多くあるといわれています。改葬・墓じまいは、それに拍車をかけかねない行為なのです。寺院は宗教施設ですから、檀家を増やすために派手な宣伝広告はできません。観光寺院でもない限り、今後ますます運営は厳しさを増すことでしょう。こういった背景を考慮し、改葬・墓じまいを行う際には菩提寺とよくコミュニケーションを図り、丁寧な説明を重ねて理解を得るように努力することが、大切なのではないでしょうか。

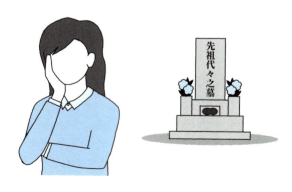

菩提寺とのトラブルを回避するには

❋ 菩提寺との間に起こり得るトラブル

　改葬・墓じまいをするにあたって、菩提寺との間に最も発生しやすいトラブルは、金銭に関するものです。とくに墓じまいは、菩提寺にとって檀家が1つなくなり、減収に直結するといった問題をはらみます。なんとかして思い留まらせたいと寺院側が考えても、不思議なことではありません。

　墓じまいの場合は檀家を離れるということで、離檀料を請求される場合があります。改葬の場合は寺院にもよりますが、事務手数料や宗教的手続き（遺骨を取り出す供養など）と、それに伴う布施の請求をされる場合があります。また、一般に布施の相場は、内容によって数千円〜30万円程度、離檀料はその2〜3倍程度といわれています。

　改葬・墓じまいを持ち出すまで、菩提寺と付き合いがなかったときは、墓地管理料などの未払いが出てくることが少なくありません。また、遺骨の取り出しや墓石撤去を依頼する石材店などが指定され、相場よりも高い費用になる場合もあります。

❈ 菩提寺とのトラブルによる問題点

　菩提寺との間にトラブルが発生したとき、常識を前面に押し出したり感情的になったりすると、トラブルが泥沼化しかねません。とくに、祭祀承継者が宗教、宗旨、宗派を変更している場合は、なかなか妥協点を見つけづらくなります。

　一方、高額な離檀料や未払いとされる管理料、高額な石材店費用などは「根拠がない」「契約書がない」「社会通念上妥当といえる金額ではない」というように、法的に有効な契約とはいえない場合もあります。

　しかし、トラブルによって問題となるのは、

(1) 菩提寺に墓・遺骨があり、同意が得られなければ遺骨の引き渡しや、墓石の処分を遂行できない

(2) 改葬許可申請に必要な埋蔵証明（収蔵証明）を得られない

ということです。これが解決しなければ、当初の目的である改葬・墓じまいが進められません。自治体によっては、トラブルについて相談すれば埋蔵証明がなくても、改葬許可を出してくれる場合があります。しかし、遺骨の引き渡しがされなかったり、墓石の処分ができなかったりすれば、元も子もありません。

❋ トラブルを回避するすべ

　改葬・墓じまいを行うにあたって、菩提寺とトラブルを起こしても何のメリットもありません。かえって、スムーズに事が運ばなくなり、無駄な労力を消費することにもなりかねないのです。

　トラブルの多くは、菩提寺や祭祀承継者それぞれが持つ背景の違いに起因しますから、互いの立場を理解するような努力が必要です。菩提寺側の言い分は慣例・慣習に基づくものも多く、法的には通りにくいことも少なくありません。裁判を起こせば祭祀承継者側に有利な判断が出るかもしれませんが、そこに至る費用、労力、期間にも考慮する必要があるでしょう。

　そこで、菩提寺とのトラブルを避けるためには、改葬や墓じまいの方針について、一家・一族のコンセンサスが取れた段階で、早急に菩提寺とコミュニケーションを取ることが肝要になります。これまで先祖供養に関して世話になった感謝を伝えると同時に、改葬や墓じまいに至った経緯を丁寧に説明します。菩提寺側の言い分をよく聞き、スムーズな解決策を模索するとよいでしょう。そのためには、少々面倒でも足しげく菩提寺に通い、誠意を見せることも有効な手段といえます。

　どうしても妥協点が見いだせない場合は、第三者の介入も1つの方法です。土地に住む一族・縁者や、寺院の檀家総代などと相談が可能ならば、間に入ってもらうことができるでしょう。弁護士などの法律の専門家を介して、交渉してもらうことも選択肢

として有効です。また、菩提寺の本山にあたる寺院に相談するという方法もあります。

　最近は、墓じまいの代行をする業者もいるので、そのようなところに依頼することもできます。ただ、事業者の業務手順や実績を把握した上で依頼しないと、かえってトラブルが大きくなる危険性もあります。いずれにせよ、菩提寺が気持ちよく改葬・墓じまいに応じてくれることが一番です。金銭的、感情的な自己都合に固執せず、相手の立場にも配慮した対応を心がけることが大切といえるでしょう。

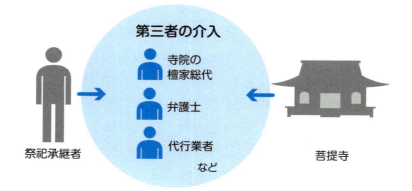

墓地管理者への確認事項

墓地管理者には違いがある

　墓地管理者とは、墓地経営者から委託をされた墓地の管理業務を行う人のことです。墓地管理者の業務は墓埋法に定められており、

(1) 埋葬許可証や改葬許可証などの届出の処理
(2) 墓地に関する図面や帳簿の管理
(3) 埋葬などの状況に関する自治体への報告

といったことを行っています。このほか、墓地の清掃や参拝者への案内などといった、日常的な業務を行う例もあります。
　これまでにも触れていますが、墓地には寺院墓地、公営墓地、民間墓地、共同墓地といった種類があります。これらはいずれも墓埋法で認められた正式な墓地ですが、墓地管理者や運営方法には細かな違いが見られます。改葬・墓じまいを行う法的な手続きはどの墓地でも同じであるものの、墓地ごとに独特のルールが存在していることも少なくありません。これらを把握していなければ、スムーズに改葬や墓じまいを進められなくなる場合

があります。

　まれに、共同墓地などで墓地管理者がわからないことがあります。共同墓地は民営墓地の一種だと解釈できますが、その地域に昔から存在して利用する住民が、共同で維持・管理をしているという特徴があります。すなわち、自治体、法人、団体などが業務として管理しておらず、自治会のようにボランティアで行っているため、墓地に事務所が存在していないケースがほとんどなのです。このような場合に墓地管理者を確認するには、

(1) 地域住民に聞く
(2) 近隣の寺院・石材店・葬儀社に聞く
(3) 自治体に確認する
(4) 登記簿を調べる

などといった方法があります。

❀ 現在の墓地の管理者には何を確認するのか

　改葬は、現在の墓地から遺骨を取り出す必要があります。墓じまいはこれに加えて、現在の墓石を撤去して原状復帰をし、墓地の使用権を返上する必要があります。これらを行うためには、墓埋法に定められた手続きをしなければならないため、事前に墓地管理者と綿密な打ち合わせをしなければなりません。その主

⑦ 墓地管理者への確認事項

な内容は、

> (1) 埋蔵証明（収蔵証明）発行の手順とスケジュール
> (2) 改葬・墓じまいに関して発生する費用
> (3) カロート（屍櫃）から遺骨を取り出すときの段取りや注意点
> (4) 墓石付近を掘り起こす場合の注意点
> (5) 墓石撤去などを依頼する石材店に関する制限（指定される場合もある）
> (6) 使用権返上の場合は原状復帰の範囲

などです。すべて作業が終わったあとも、作業終了の確認をしてもらう必要があります。

❀ 改葬先の墓地管理者には何を確認するのか

改葬先の新たな墓地管理者とも、同様に打ち合わせや確認をする必要があります。確認事項は、主に下記のような内容です。

> (1) 墓地に対する権利の種類、管理料、使用可能な付帯施設、墓地管理ルールなど
> (2) 納骨にあたって発生する費用
> (3) 改葬許可証を取得して、改葬に至るまでのスケジュール
> (4) 墓石を建立する石材店に関する制限（指定される場合も

ある）
(5) 納骨時の段取り

　これらの確認を怠れば、後になってトラブルが発生することもあり得ます。改葬や墓じまいは費用と手間がかかることなので、できるだけ失敗がないように、墓地管理者とは密なコミュニケーションを取るようにしましょう。

円滑な改葬のためにも、
墓地管理者としっかり連絡をすること

改葬・墓じまいにかかる主な費用

❋ 現在の墓地に関わる費用

　例えば、公営墓地や共同墓地から同様の墓地に遺骨の一部を移す場合は、それほど大きな費用がかからないことが多いでしょう。これに対して、現在の寺院墓地を出て新たな寺院墓地に墓石を建立して入る場合が、もっとも費用のかかるパターンになると考えられます。とはいうものの、費用は細かく分かれていてそれぞれの価格に相当の幅があるため、合計費用にも大きな開きが生じます。

(1) 手続きに関する費用

　墓埋法に基づく改葬・墓じまいに必要な事務的手続きに関わる費用です。

● 改葬許可申請：0円～1500円程度
「改葬許可申請書」を発行する自治体の規定によります。

● 埋蔵証明（収蔵証明）：0円～1500円程度
証明書を発行する現在の墓地管理者が決めます。

● 受入証明：0円～1500円程度

　受入証明は新しい墓地の管理者が発行します。墓地の使用権取得料や管理料などを支払うので、サービスで発行するところも多いようです。

（2）遺骨取り出しに関する費用

● 3万円～30万円程度

　カロートや墓石の下から遺骨を取り出すための費用で、遺骨が1柱の場合と複数の場合で、価格が変わることが多いです。また、カロートの蓋を開いて元に戻すだけの場合と、墓石下を掘り起こして埋め戻す場合では費用が大きく異なってきます。石材店に依頼する例が多いようです。別途、遺骨の洗浄費用や骨壺の水抜き費用などが必要な場合もあります。

（3）離檀料などにかかる費用

● 3万円～30万円程度

　これまで先祖供養などを依頼していた（仏教なら檀家であった）寺院・宗教施設から離れるために、現在の墓がある寺院に支払う費用です。公営墓地、民営墓地、共同墓地などであれば、改葬・墓じまいを寺院に伝えなければ不要になる場合もあります。

（4）閉眼供養などにかかる費用

●3万〜10万円程度

　現在の墓石を閉鎖する宗教行事の費用です。宗教によって祭祀内容が変わるので、高額になることもあります。仏教では離檀料や他の祭祀を含めて、戒名の格式などが価格に影響することがあります。司祭、僧侶などの祭祀者に対する車代、御膳代を用意しなければならない場合もあります。無宗教などであれば不要になります。

（5）墓石撤去・原状復帰にかかる費用

　これまで使用していた墓石を撤去し、墓地を整地して墓地管理者に返却するための費用です。

●墓石の解体費用：10万円〜20万円程度

　墓地の形態や墓石の規模や大きさによって変わります。また、墓の地形などによってクレーンが入らない場合や隣接墓が近い場合などには、加算費用が必要になります。

●墓石の処分費用：10万円〜20万円程度

　墓石の大きさによります。新しい墓地で現在の墓石を使用するのであれば必要ありませんが、その場合は別途輸送費用が発生します。

●原状復帰・整地費用：10万円〜15万円程度

　墓地から求められる原状復帰の度合いなどにより、価格は大きく変化します。

❀ 新しい墓地に関わる費用

　改葬や墓じまいで新たな納骨先を必要とした場合は、それらの使用権や祭祀などに費用がかかってきます。

（1）新たな墓の永代使用料・入檀料などにかかる費用

　新たな墓地と使用契約をするために必要な費用です。寺院など宗教施設に供養などを依頼する場合は、そこに加入するための費用も必要になります。

●新たな墓地の永代使用料など

　合祀墓か個別墓かなどで大きく費用は変わります。大別すると右記のような方法があり、それぞれ費用は大きく異なります。また、納骨堂などではその形態（位牌式、ロッカー式、自動搬送式、墓石式など）に違いがあり、それによっても費用が変わります。

⑧ 改葬・墓じまいにかかる主な費用

納骨堂に納める	10万円〜200万円程度
合祀墓に納める	5万円〜20万円程度
集合型合同墓に納める	20万円〜100万円程度
個別型合同墓に納める	20万円〜150万円程度
散骨	10万円〜35万円程度[1]
手元供養	1万円〜30万円[2]

[1] 代行散骨はこれより低価格だが、空中散骨は高額になる。
[2] 遺骨の加工方法による。遺骨をそのまま安置する場合は基本的に0円。

● **新たな墓石を建立する費用：60万円〜200万円程度**

どのような墓石にするのか、大きさ・規模・デザインなどによって幅があります。

● **新たな寺院など宗教施設の加入料：3万円〜30万円程度**

宗教・宗旨・宗派などによって大きな差があります。寄付・布施のような、志になっているところもあります。

（2）新たな墓の開眼供養などにかかる費用
● **3万円〜5万円程度**

新たな墓を開くための宗教行事に必要な費用です。仏教の場合は戒名の格式などによって、高額になる場合もあります。司祭、僧侶などの祭祀者に対する車代、御膳代を、用意しなければならない場合もあります。無宗教などであれば必要ありません。

(3) 新たな墓に埋葬する費用
● 0円〜5万円程度

　カロートを開いて納骨する費用です。石材店などが請け負いますが、墓石を建立した石材店であったり、永代使用料などを支払ったりしている場合は、サービスで行う石材店、墓地管理者もあります。

(4) 新たな墓地の管理料
● 5千円〜3万円程度/年

　新しい墓地に支払う管理費用です。祭祀承継者が支払います。墓地を使用している限り支払う必要があり、滞れば「無縁」と判断されて使用権を失うこともあります。

8 改葬・墓じまいにかかる主な費用

●改葬・墓じまいにかかる主な費用（目安）

	項目	金額
現在の墓地に関する費用	必要書類（「埋蔵証明書」「改葬許可申請書」「受入証明書」）の発行手数料	各書類1通あたり0円～1500円
	遺骨の取り出し費用（遺骨1柱あたり）	3万円～30万円程度
	離檀料（寺院の檀家だった場合）	3万円～30万円程度
	閉眼供養（寺院墓地の場合）	3万円～10万円程度
	お墓の解体処分・原状回復	20万円～50万円程度
	遺骨の運搬費	10万円
	墓石の運搬費用（改葬先でも墓石を使用する場合）	10万円～20万円
新しい墓地に関する費用	お墓の施工及び石代	数十万円～200万円
	開眼供養	3万円～5万円
	永代使用料	数万円～200万円
	事務手数	0円～数千円
	入檀料（改葬先が寺院だった場合）	数万円～30万円
その他の費用	寺院・霊園や市区町村役所に出向いて手続きするための交通費	数千円～数万円
	代行サービス費用（代行業者を利用する場合）	数十万円

3

改葬・墓じまいを始める前に

費用を抑えるためのヒント

❇ 祭祀承継者1人の問題ではない

　第3章8の通り、改葬や墓じまいには思いのほか大きな費用を必要とする場合があります。これを、祭祀承継者が1人で背負うのは負担が大きいと言わざるを得ません。昔から、「墓石の建立は複数でやらないと縁起が悪い」などといった伝承が各地にあるそうですが、これは単なる迷信的な言い伝えというより、1人に負担が偏らないようにするための知恵なのではないでしょうか。

　とはいえ、子どもに負の遺産を継がせたくないなど、やむにやまれぬ事情で改葬・墓じまいの必要性に迫られる場合があります。また、改葬・墓じまいを実行に移すときの条件について、「墓所・墓の状況や形態」「墓地管理者が誰であるか」「墓に関わる親類・縁者の有無」などの違いが、費用や実行の難易度に大きく関わってきます。

　祭祀承継者が過分な負担を強いられないように、改葬や墓じまいは1人で背負い込まないように配慮する必要があります。そうした意味でも、親類・縁者や現在の墓地管理者とのコミュニケーションは、非常に重要だといえるでしょう。改葬・墓じまい

⑨ 費用を抑えるためのヒント

の必要性が感じられたときには、できるだけ早い段階から周りに相談するようにしましょう。それが、費用を抑える第一歩になるのです。

　もし、改葬・墓じまいの費用が工面できない場合には、自治体などと相談すれば補助金などが出るところもありますが、全国的に見れば、まだ多いとはいえません。ただ「空家問題」と同じように今後はそういった対応を検討する自治体が、増えていくことになるのではないでしょうか。

　また、選択肢として「メモリアルローン」の利用も考えられます。これは、金融機関、石材店、墓地管理事業者、葬儀社などが取り扱っている商品で、改葬・墓じまい・葬儀などに使用目的を限定したローンです。取り扱い業者によって金利は異なるため、フリーローンなど他のローン商品と比較検討するとよいでしょう。

1人で背負い込まない

❋ 費用を抑える工夫

　改葬・墓じまいにかかる費用を抑えるためには、大きな出費が必要な分野を見直すことがポイントです。祭祀承継者側が主導して決定しやすいのは、新たな墓石の建立や改葬・墓じまい後の遺骨収納先でしょう。墓石は新たな墓地によって制限があることも多いので、その範囲で予算に合ったものを建立することが大切です。

　また、墓石の撤去や原状復帰の整地なども石材店が請け負いますが、これらは墓地管理者から指定を受けることもあります。墓石建立もそうですが、あらかじめ複数の業者から見積もりをとるようにして、比較・検討したり交渉材料にしたりするなどといった方法も、有効な場合があります。

　遺骨を納める先としては、手元供養、散骨、合祀墓などが比較的費用を抑えられる方法です。ただ、それぞれ特徴があるので親類・縁者など墓に関わる人たちが、ある程度納得できる形にする必要があるでしょう。とくに合祀墓、集合型の合同墓、散骨は、あとから遺骨を回収することができなくなります。それが新たなトラブルのタネにならないように、関係者間で十分に話し合いをしておかなければなりません。

　改葬・墓じまいなど、先祖供養に関わる費用は一般的な商取引のように割り切れない部分が少なくありません。例えばお寺から高額な離檀料や供養料を求められた場合に、訴訟などを通じ

て徹底的に争うことによって負担を免れることができるかもしれません。また、祭祀承継者が費用を持つのであれば、親類・縁者の意向を汲まないということもできるでしょう。こういった手法をとれば、費用をかなり抑えられる可能性もあります。

　しかし、それで後顧に憂いを残さないのかとなると、そうではない場合が少なくないのです。改葬・墓じまいは先祖の供養といった心に関わる要素が大きいので、できるだけ角の立たない方法で進めることが望ましいといえます。そのためには、関係者と時間をかけて話し合い、妥協点を見つけるなどして、合意形成を図ることが大切だといえるでしょう。

> ● **費用を抑えるには**
> ・墓石建立や原状復帰など、大きな出費を見直す
> ・複数の専門業者から見積もりをとって比較する
> ・手元供養や散骨、合祀墓を検討してみる
> ・金銭面の課題も含めて、家族・親族と話し合う
> ・自治体の補助金、メモリアルローンも検討してみる

Q&A

Q お墓の管理者には改葬をどのように切り出すのがよいでしょうか？

A 　改葬を行うには、今あるお墓の管理者（寺院、霊園など）の同意が必要となり「改葬許可申請書」や「埋蔵証明書」を発行してもらう必要があります。また、今のお墓で行う閉眼供養（魂抜き）や、土葬されているご遺体を改葬する際には、火葬が必要となります。

　このように改葬にはお墓の管理者に様々な協力を得る必要があります。

　寺院墓地のお墓を改葬することは「檀家をやめる」ということになり、寺の住職にとっては長い付き合いが切れ、収入が減ることになります。そのため、理由もつけずに一方的に改葬のための書類を求めると、快く思われずに手続きがスムーズに進まない可能性もあります。

　そこで、お墓の管理者に改葬の話を切り出すときは、改葬の理由やこれまでの感謝の気持ちを丁寧に伝えた上で行うようにするとよいでしょう。

第 **4** 章

改葬・墓じまいのステップ

新しい埋葬先の選定

❁ 引っ越し先のお墓の探し方

　現在の墓所から遺骨を取り出して改葬をする場合は、新しいお墓を探すことになります。

　いきなり墓地や霊園へ見学しに行っても、どれがいいのかピンとこないかもしれません。様々なお墓のタイプを比較しながら、どんなお墓がいいのかを考えましょう。

　お墓は子どもでなくても承継できますが、候補を広げても承継者が見つからないこともあります。あるいは、子どもに負担をかけたくないのでお墓を承継させない人もいるでしょう。そんなときに承継タイプのお墓を選んだら、次の代に問題を先送りするだけになってしまいます。この点は、きちんと念頭に置くべきです。

　お墓の承継を希望しない場合は「永代供養墓」にして累代墓をなくすという選択肢もあります。墓地の専用区画に墓石を建てる従来型のお墓ではなく、墓石の代わりに樹木を植えて墓標とする「樹木葬」や、屋内の専用スペースに遺骨を収蔵する「納骨堂」など、新しいタイプのお墓もおすすめです。

　粉末状にした遺灰を海などに撒く「散骨」、遺骨の全部または

一部を自宅に安置する「手元供養」など、お墓を持たないという選択肢もあります。他の人の遺骨と一緒に葬る「合葬墓」にすれば、お墓はなくなります。ただし、今あるお墓から取り出す遺骨が先祖代々のものだと、散骨や手元供養などの手法は現実的でありません。

❋ 新しいお墓を立地や設備などで絞り込む

　新しいお墓をどうするかについては、親族ともしっかりと話し合う必要があります。現在のお墓が寺院墓地にあるときは、墓地の管理者である住職に相談するのも手です。

　改葬先が承継者の住む場所から離れていると、維持や管理が大変になってしまいます。立地的に理想の場所でも、空いている区画がないなどの理由ですぐに入れないこともあるので注意してください。

　改葬先を選ぶときは、交通の便や周囲の環境、設備、サービス、駐車場の有無などもチェックしましょう。景観や雰囲気、水はけなど、立地環境も併せて検討します。「トイレなどの公共部分は清潔に保たれているか」「水桶やひしゃくなどの参拝道具は用意されているか」「バリアフリーは充実しているか」「スタッフはあいさつをしてくれるか」「法要を行う施設があるか」なども大切なポイントです。墓地や霊園には使用権が取り消される条件、承継者の条件、お参りのルールなど、それぞれ規定があるので、そ

こも確認しておきます。

　お墓の形状やデザインにこだわりがあるときは、自由度が高い墓地や霊園、または区画を選ぶ必要があります。元のお墓から墓石を移す場合も、受け入れ可能かどうかを確認しましょう。

　そして、民営か公営か、宗教はどうするかも大事です。寺院墓地は檀家になることが条件になる場合がほとんどで、宗旨・宗派が合わないと改宗する必要があります。公営墓地や民間墓地は宗教・宗派を問わずに利用できますが、念のために受け入れ態勢を確認しておくとよいでしょう。

　公営墓地は募集があっても年に１〜２回で、応募資格も設けられています。しかし、自治体が運営しているので清掃なども行き届いており、墓地の費用が他より安い傾向にあります。そのため、応募倍率が高く、なかなか当選しない人もいます。

　近年は、墓地や納骨堂が経営破たんに陥ることも増えてきています。お墓は長く利用する場所なので、経営状態も可能な限り調べておきましょう。宗教法人なら、どこでどのような活動をしているのかを確認しておくのも大事です。

　引っ越し先のお墓を探すポイントは第４章末Ｑ＆Ａを参照してください。

① 新しい埋葬先の選定

❋ 新しいお墓は改葬手続き前に見つけておく

墓じまい（墓石の解体・処分）をして遺骨を別のお墓や納骨堂に移動させるには、元のお墓がある市区町村で改葬の許可を得なければなりません。墓地や納骨堂の管理者も、元のお墓がある自治体が発行する「改葬許可証」がなければ、遺骨を受け入れることができません。

また、改葬許可を申請する際は、あらかじめ次の埋葬先を決めておく必要があります。そうしないと「受入許可証（受入証明書）」が手に入りません。そのため、改葬手続きの前に新しいお墓を選んでおいたほうがよいです。

ただし、新しいお墓選びには様々な問題があり、すぐに決められないことも多いです。その場合は、新しいお墓が決まるまで自宅に保管するという手もあります。遺骨を自宅に置くことは法律で禁じられておらず、役所などへの手続きも不要です。墓じまいを先に済ませ、改葬先が見つかるまでは遺骨を自宅に保管する選択肢もあります。

いったん自宅に置いておくことで、親族も納得できる埋葬先をじっくりと探すことができます。自宅に保管するのに抵抗がある場合は、一時的に遺骨を預かってもらえる民間業者に依頼しましょう。

④

改葬・墓じまいのステップ

 必要な書類を準備する

🌸 墓じまいに必要な行政手続き

　家族や親戚との話し合い、菩提寺への相談などを終えたら、墓じまいに必要な行政手続きを済ませます。書類を揃えないと、墓じまいを行うことができません。

　墓埋法の第14条には「墓地の管理者は、第8条の規定による埋葬許可証、改葬許可証又は火葬許可証を受理した後でなければ、埋葬又は焼骨の埋蔵をさせてはならない」という規定があります。それまで納められていた遺骨を別の場所に移す「改葬」を行うには、段階ごとに必要な書類を提出して行政手続きを進める必要があるのです。手順は多いですが、手続き自体はさほど複雑ではないので、書類の入手と申請を丁寧に行いましょう。

　遺骨の改葬先を決めたら、まずは新しいお墓がある墓地管理者から「受入許可証（受入証明書）」を発行してもらいます。納骨先を確保してあることを証明するもので、費用は0円〜1500円程度。役所が最終的な「改葬許可証」を出すために必要な書類でもあります。

　自治体によっては、墓地契約書の写しなどでも「受入許可証」代わりになることがあります。ただし、市区町村によって対応が

② 必要な書類を準備する

異なるので、詳しくは役所の担当部署に確認しましょう。

❊「改葬許可申請書」を取り寄せる

　次に必要なのが、改葬の許可を求める「改葬許可申請書」です。元のお墓がある市区町村役所の窓口（環境衛生課、市民生活課など）のほか、ホームページから申請書をダウンロードできる自治体も多いです。

　「改葬許可申請書」には「故人の名前」「改葬の理由」「故人の住所・本籍地」「死亡年月日」「火葬の場所と年月日」「改葬先」といった必要事項を記入します。自治体によって項目や書式が異なるので、事前にしっかり確認しておきましょう。申請書は基本的に遺骨1体につき1枚で、遺骨が複数ある場合は、その数だけ必要になります。

　他にも、元の墓地に遺骨が納められていたことを証明する「埋葬証明」も必要です。これは元のお墓がある墓地や霊園の管理者に証明してもらうものですが、「改葬許可申請書」に埋蔵証明欄があり、署名・捺印で問題ない場合もあります。自治体によっては「埋葬証明書」を用意する必要があるので、自治体のホームページなどで確認しましょう。

　なお、墓地の使用者と改葬を行う人が異なる場合は「改葬承諾書」も必要です。墓地や霊園の管理者から発行してもらう書類で、墓地の使用者と改葬を行う人が同じ場合は、発行してもらう

必要がありません。「改葬承諾書」はお墓がある市区町村の役所で入手できるほか、自治体のホームページからもダウンロード可能です。

❋ 「改葬許可証」は早めの手続きが大事

こうして入手した「受入許可証」「埋葬証明」「改葬許可申請書」を、必要事項を記入した上で、元のお墓がある自治体の窓口に提出します。提出の際、場合によっては、申請者の身分証明書が必要になることもあります。書類一式を提出したら、「改葬許可証」を発行してもらえます。

許可証の発行手数料は自治体によって様々ですが、多くは0円〜300円程度です。すぐに受け取れるわけではなく、交付までに3日〜1週間程度かかります。土日祝日は含まないので、交付までに10日かかったという人もいます。石材店に墓石の解体工事を依頼する際にも必要な書類なので、余裕をもって準備をしておいたほうがよいでしょう。

墓地が遠方の場合は、手続きに必要な書類を郵送して申請することも可能です。ただし、別途返信用の切手を同封したり、改葬許可証の発行手数料を定額小為替で用意して同封するなどの手間がかかります。大事な書類なので、普通郵便よりも書留で送ることをおすすめします。「改葬許可証」が交付されたら、新しい墓地の管理者に提出します。

②　必要な書類を準備する

　許可証が受理されれば、行政手続きは終了となります。許可された時点で、元の墓地から遺骨を移すことができます。「改葬許可証」は新しいお墓に納骨する際にも必要なので、そのまま保管しておきましょう。

❊ 自治体が条例で散骨を禁止しているケースも

　改葬や墓じまいでお墓から遺骨を取り出す際は、移転先の墓地管理者から「受入許可証」を発行してもらい、お墓がある市区町村の役所に「改葬許可申請書」などを提出して「改葬許可証」を交付してもらう必要があります。

　しかし、粉末状にした遺骨を海や山に撒く「散骨」は移転先がないので「受入許可証」を入手できません。そのため「改葬許可申請書」の遺骨受け入れ先には「散骨」などと書くことになります。

　すんなりと「改葬許可証」を発行してくれる自治体もありますが、一方で不可とする自治体も存在します。中には、条例で散骨を禁止や制限している自治体もあります。散骨は「改葬」とはいえないので、許可しないケースもあるのです。

　きちんとした散骨業者ほど、改葬許可証を提示しないと散骨を受けつけてくれません。ですので、改葬許可証は必ず取り、出所不明の遺骨や事件性がある遺骨ではないことを証明しましょう。

散骨について、法務省は非公式ながら「節度を持って行われる限り問題ない」という見解を示しています。厚生労働省も「散骨は墓地埋葬法の対象外」という公式の見解を1998年に発表しています（当時は厚生省）。令和3年3月に厚生労働省が、令和5年9月に国土交通省がそれぞれ散骨を行う事業者や関係者が遵守すべきガイドラインを発表しました。散骨事業者は、このガイドラインに沿った適切な方法で行うことが求められるようになりました。

　自治体による条例を除けば、散骨には明確な禁止規定がありませんので、散骨の対応は今も市区町村で分かれています。改葬許可証が発行されないなどの問題が生じたときは、役所の担当者に散骨を希望していることを相談してみましょう。地域の手続きに精通している石材店に聞いてみてもよいです。

　散骨は自治体によっても対応が分かれる「グレーゾーン」の供

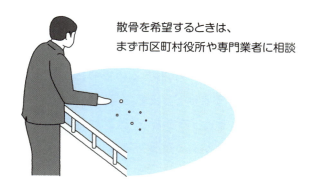

散骨を希望するときは、
まず市区町村役所や専門業者に相談

養なので、マナーはしっかり守らないといけません。散骨の際は遺骨を2mm以下のパウダー状にして、「遺灰」にする必要があります。遺骨を砕く作業は誰がやっても法的な問題はありませんが、できれば専門の業者に依頼したほうがよいです。

❋ 手元供養でも「改葬許可証」を取っておく

遺骨の全骨を手元供養するときも、「改葬許可証」は取っておくべきです。手元供養をしていた人がなくなったら、その人の骨と一緒にお墓に納めなければならず、その際に「改葬許可証」が必要になるからです。

散骨と同様、手元供養も移転先がないので「受入許可証」を入手できません。そのため「改葬許可申請書」の遺骨受け入れ先には「自宅」などと書いて提出します。役所から交付された改葬許可証は、なくさず大切に保管しておきましょう。

手元供養を希望しても、「改葬許可証」は保管しておくこと

無許可で改葬すると処罰される可能性も

遺骨を引っ越す際に「改葬許可証」が必要なことは、墓埋法施行規則第5条にも「墓地等の管理者は、他の墓地等に焼骨の分骨を埋蔵し、又はその収蔵を委託しようとする者の請求があったときは、その焼骨の埋蔵又は収蔵の事実を証する書類を、これに交付しなければならない」と規定されています。許可なく改葬を行うと「1万円以下の罰金または拘留もしくは科料」が科されます。

刑法第191条では、お墓に埋葬されている遺骨を遺棄・損壊した場合は3月以上5年以下の懲役と決められています。無許可での改葬はこの法律に抵触している可能性があるので、手続きは忘れずに行いましょう。

●改葬に必要な書類

書類	入手先
受入許可証（受入証明書）	新しい墓の墓地管理者
埋葬証明書	元の墓の墓地管理者
改葬許可申請書	元の墓がある市区町村役所
改葬承諾書 ※墓地使用者と改葬を行う人が異なる場合	元の墓がある市区町村役所

上記書類を元の墓がある市区町村役所に提出して「改葬許可証」を発行してもらう

専門業者の選び方と依頼方法

❋ 悪徳業者を避けるためのポイント

　墓じまいにかかる費用の中で、一番大きな額となるのが石材店や墓石専門の解体業者など、墓石の解体・撤去を行う専門業者への支払いです。墓石の大きさや立地、処分費用などによって異なりますが、1㎡の平均費用は8万円～15万円とされています。専門業者は石の扱いに慣れているので、細心の注意を払って作業を行ってくれます。

　とはいえ、お墓の解体・撤去費用は高額になりがちです。同じ材質・デザインの工事でも、業者によって値段に倍以上の差が出ることもあります。そのため、契約前に複数の業者に見積もりを出してもらい、比較検討するとよいでしょう。無料で一括見積もりをしてくれるサイトもあるので、簡単な入力をするだけで最安値が出せます。

　中には、撤去した墓石を不法投棄したり、加工地を偽って販売する悪徳業者も存在します。安い価格にはその理由があるので、価格だけで決めるのは早計です。検討のための十分な時間を取らず、契約や支払いを急かしてくる「儲け第一主義」の業者は注意が必要です。見積書や契約書などの書面を起こさない、親身に

相談にのってくれない業者も気をつけないといけません。

　反対に、信頼できるポイントは「長年にわたって実績があるか」「石材の性質やお墓の構造について深い知識を有しているか」「質問や要望に対して納得するまで丁寧に説明してくれるか」などです。店舗に出向いて担当者から話を聞いたり、墓石を実際に見せてもらうのも大事です。紹介してもらった墓石を調べたり、新しい墓地に足を運ぶなど、自分でも動いていきましょう。

　国民生活センターに寄せられるお墓のトラブルは、石材店選びの失敗に起因するものがほとんどです。工事が終わってから予想以上の費用を請求され、トラブルになることもあります。ただし、工事の過程でやむを得ず高額になるケースもあるので、全部がぼったくりと決めつけてはいけません。

　例えば、墓石が山あいにあったり、お墓同士が密集してクレーン車を横づけできない環境では、解体や運搬を人力で行わなければなりません。他にも、地盤が軟弱だったり、石塔が複数建っているなどして、費用が高くなってしまうこともあります。金額に納得できないときは、まずは「なぜ、その額なのか」を業者に確認しましょう。

● **信頼できる専門業者**

・長年にわたる実績がある

・石材の性質、墓の構造等への知識が豊富

・質問や要望に対する説明が丁寧

専門業者の選び方と依頼方法

好みのスタイルで墓石を選ぶ

　お墓に決まった形はなく、石材は自由に加工できます。近年の墓石はバラエティに富んでおり、霊園に行くと様々な墓石が見られます。お墓のイメージが具体的に決まっていない場合は、石材店の担当者と相談しながら決めるとよいでしょう。

　石材店で発注できるお墓の形は、一般的に「和型墓石」「五輪塔」「洋型墓石」「デザイン墓石」の4種類に大別されます。
「和型墓石」は江戸時代に一般化した伝統的な縦型のお墓で、芝台という敷石の上に中台、上台、竿石と重なって1つの墓になっています。

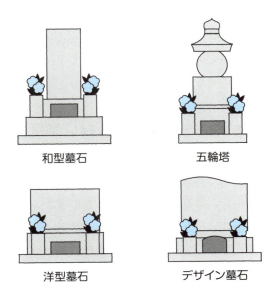

「五輪塔」は和型墓石が誕生する前からあったタイプの墓石で、平安時代に考案されたといわれています。丸い飾りが付いた三角形の屋根の下に球形や四角形の石が連なっていますが、これらは自然界の五大要素（空、風、火、水、地）を表したものです。

「洋型墓石」は近年増加している欧米風の墓石で、横長で背が低いのが特徴です。元々はキリスト教式の墓石で使われていましたが、宗教や宗派を問わず使うことができます。

「デザイン墓石」は個人の価値観を反映させた墓石で、形や彫刻、素材などを自由に組み合わせることで、オリジナルのお墓がつくれます。自分のこだわりが反映できますが、それによって材料費や加工費が高くなる場合があります。

お墓の形状にもよりますが、石材店と契約してからお墓が完成するまでの期間は2〜3カ月とされています。契約前の打ち合わせなどを含めるとさらに時間がかかるので、余裕を持ったスケジュールを心がけましょう。

🌸 多くの霊園が採用する「指定石材店制度」

指定石材店とは寺院や霊園の墓地における墓の建立や改修、墓じまいでの撤去工事などを行う石材店が指定されており、他の業者を使ってはいけないという決まりです。多くの寺院や霊園などでは使用契約、管理規則などに「指定石材店制度」を定めています。

③ 専門業者の選び方と依頼方法

　したがって、使用契約や管理規則に指定石材店制度が定められている場合には原則としてそれに従う必要があり、複数の石材店から相見積もりをとったり、寺院や霊園の承諾のない石材店に依頼することはできません。

　また、このような石材店を限定することが、消費者の利益を一方的に害するとして「消費者契約法」により無効になるのではないかという点が問題になりますが、指定石材店が１社しかなく、第三者との契約を不当に制限している場合や、一般の石材店に比べて著しく高額であるといった事情がなければ、指定石材店制度自体が消費者契約法により無効とまではいえないといえるでしょう。

　なお、公営墓地では原則として指定石材店制度はありませんので、自由に石材店を選ぶことができます。

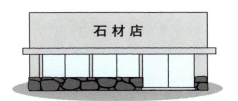

4 遺骨の取り扱いと移動の方法

❈ 遺骨の取り出しは業者にお願いする

　改葬先が決まり、必要な書類を提出して「改葬許可証」を発行してもらったら、遺骨の取り出しを行います。最高裁判所の判例（最高裁平成元年7月18日判決）により、遺骨の所有権はお墓の承継者が持つとされています。そのため、お墓の承継者の許可なく遺骨を取り出した場合、墳墓発掘死体損壊等罪として3カ月以上5年以下の懲役が科される場合があります。

　お墓に納められた遺骨を取り出すには、カロート（納骨スペース）の入口をふさいでいる30～40kgの石をどかさないといけません。成人男性が頑張れば動かせないほどの重さではないですが、作業中にケガをするおそれもあります。出張作業料として遺骨1柱あたり1万円～3万円かかりますが、石材店に頼んだほうが安心・安全です。ちなみに、遺骨が増えるごとに倍々でかかっていくわけではなく、良心的な石材店なら「数千円×取り出す遺骨数」の上乗せで済みます。

　寺院などお墓の管理者と石材店に連絡して、遺骨の取り出し日を調整します。墓じまいをめぐって墓地を管理する寺院の住職と揉める人もいますが、寺院は遺骨に関する権利を持ってい

ないので、最終的にはお墓の承継者が認めた遺骨の取り出しを阻むことはできません。しかし、寺院には「埋葬証明」などの書類を発行してもらう必要があるので、揉めるのは得策ではありません。寺院とのトラブルは最小限に抑え、改葬・墓じまいをスムーズに進めましょう。

✽「閉眼供養」を行ってから遺骨を取り出す

新しいお墓の準備が整ったら、お墓に宿るご先祖様や故人の魂を抜く「閉眼供養」を行います。これは必須ではなく、閉眼供養を行わない宗派もあります。

とはいえ、閉眼をしないとお清めや弔いの心がご先祖様に届かないと考える人もいるでしょう。日本ではお墓の撤去や移動の際に閉眼供養を行ってきたので「閉眼供養を行うのは当然」という親族もいます。また、閉眼供養を済ませないと工事をうけない石材店もあるので、閉眼供養はやっておいたほうがよいです。

閉眼供養の当日は、僧侶にお布施を渡して読経をしてもらいます。閉眼供養のお布施の目安は約3万円〜10万円です。供養を行う2週間前までには、僧侶の手配を済ませておきましょう。お盆やお彼岸、年末年始の僧侶は忙しいので注意が必要です。

閉眼供養の参列者に決まりはなく、家族や親族、普段からお墓参りに来てくれる人などに来てもらいます。参列者が10人に満たないことも多いので、法要のようにハガキや手紙で案内する

よりも、電話やメールで手軽に済ませてしまって大丈夫です。服装も平服指定が多いですが、僧侶を呼ぶ手前、派手な格好や露出が目立つ服は避けたほうがよいでしょう。

　供養の前にはお墓やその周辺をきれいに整え、お供え物も用意します。お供え物にも決まりはないですが、水、供花（花）、飲食（食べ物）、香（線香）、灯明（火がつくもの）の「五供」を用意しておけば、基本的に問題ありません。

❁ 遺骨を移動させるときの注意点

　閉眼供養が終わったら、遺骨の取り出しやお墓の撤去に移ります。閉眼供養当日に石材店に同席してもらい、供養が終わったら取り出し作業を始めることもあります。しかし、同じ日だと慌ただしいので、別日に工事をお願いする選択肢もあります。

④ 遺骨の取り扱いと移動の方法

　取り出した遺骨はそのまま新しいお墓に運ぶこともありますが、新しいお墓がまだ整っていないときは、ひとまず自宅に安置する場合もあります。いずれにせよ、遺骨を運ぶときに公共交通機関を使う際は、骨壷をふろしきで包むなどの配慮をしましょう。飛行機の場合は搭乗後の置き場などが指定されることがあるので、事前に確認しておきましょう。

　また、遺骨は郵便局で扱っている「ゆうパック」に限り、郵送することができます（ゆうパック以外の宅配業者は不可）。送り先は国内であればどこでも配送可能で、納骨のために墓地や寺院に送る場合もあれば、分骨のために親戚宅に送ることもできます。ただし、海外への郵送はできません。

　骨壷ごと送るときは、ふたが外れないようにガムテープなどでしっかり止めて、丈夫なビニール袋などに入れます。そして木箱（骨箱）に入れて、さらに段ボール箱に入れます。このとき、緩衝材やスポンジ材などを入れて、衝撃があっても骨壷が割れないようにします。骨壷内部の水もれが心配な場合は、袋に入れる前にタオルで包んでおくとよいでしょう。品名には「遺骨」または「つぼ」などと書きます。「われもの」のシールを貼っておくと、より安心です。

　改葬が増えていることもあってか、最近はネット通販で「骨壷の搬送パック」も購入できます。骨壷を入れるのに適したサイズの段ボールとクッション材がセットになっており、郵送作業に役立ちます。

4

改葬・墓じまいのステップ

改葬までに時間がかかる場合は、しばらく自宅で遺骨を保管することになります。安置場所に決まりはないですが、湿気が多い場所に置くと遺骨にカビが生える可能性があるので、高温多湿の環境は避けたほうがよいでしょう。直射日光が当たらない風通しのいい場所がおすすめです。

公共交通機関での注意点	・骨壺をふろしきなどで包んで、周囲への配慮をする。 ・飛行機を使う場合は、置き場所などを事前に確認する。
郵送時の注意点	・郵送できるのは「ゆうパック」のみ。 ・海外へは郵送できない。 ・骨壺が割れたり、ふたが取れないように梱包する。 ・品名に「遺骨」「つぼ」などと書く。 ・「われもの」シールを貼る。
自宅保管時の注意点	・風通しがよい場所に安置する。 ・直射日光、高温多湿を避ける。

5 新しい墓地での手続き

❋ 納骨の際に「開眼供養」を行う

　元のお墓から取り出した遺骨を、今度は新しいお墓に納骨します。納骨前には、墓石に仏の魂を迎え入れる「開眼供養」を行います。遺骨が手元にある場合は、納骨と同時に行うのが一般的です。

　開眼供養とは仏像の最後に目を描く作業を儀式化したもので、「入魂式」「御魂入れ」「お墓開き」などとも呼ばれます。これを行うことで、ただの石だった墓石に霊験が宿るとされています。浄土真宗では開眼供養を行わず「入仏法要」「建碑式」などと呼ばれる供養を行います。

　開眼供養は新しくお墓を建てたとき、仏壇を購入したときなどに行います。家族が亡くなってからお墓を建てた場合は、四十九日や一周忌といった法要の際、納骨式と一緒に行うことが多いです。

　改葬に伴う開眼供養は義務ではなく、新しい墓地の管理者に「改葬許可証」を提出すれば、法律的には何の問題もなく納骨できます。とはいえ、何もしないままだと親族に苦情を言われる可能性もあるので、開眼供養はやっておくに越したことはないで

しょう。

　開眼供養の当日は、僧侶にお布施を渡して読経をしてもらいます。開眼供養のお布施の目安は約3万円～5万円で、供養を行う2週間前までには手配を済ませておきます。閉眼供養と同じく、お盆やお彼岸、年末年始は僧侶も忙しいので、手配の際は注意しましょう。

　閉眼供養と同様に、開眼供養の参列者に決まりはなく、家族や親族、普段からお墓参りに来てくれる人などに来てもらいます。参加者が少数なら、開催のお知らせは電話やメールでも構いません。納骨法要や四十九日・一周忌を同時に行うときは、喪服で参加するのが基本です。しかし、開眼供養だけなら平服でも問題ありません。しかし、僧侶を呼ぶ手前、派手な格好や露出が目立つ服は避けたほうが無難です。供養の前にはお墓やその周辺を掃除し、線香やお供え物を用意しておきましょう。

❋ 永代供養の手続きをする際の注意点

　墓地や霊園の管理者が遺骨を預かって供養や管理を行う「永代供養」を申し込む際は、新しいお墓を購入する人とお墓を持っている人で、提出する書類に違いがあります。

　すでにお墓がある人は「受入許可証」に加え、「改葬許可申請書」や「埋葬証明書」「改葬許可証」など、現在のお墓に関する書類も提出します。同じ寺院・霊園内で永代供養墓に改葬するとき

⑤ 新しい墓地での手続き

も、改葬許可申請は必要になります。

　新しくお墓を購入する場合は、永代供養の申し込み先から「受入許可証」をもらうだけでよいです。戸籍謄本や印鑑登録証明書、身分証明書などを求められる場合もあります。また、通常の墓地と違って墓石が必要ないので、墓石に関する手続きが省略されます。

「永代」という言葉がついていますが、安置する期間には限りがあるケースがほとんどです。一般的な弔い上げである三十三回忌までが目安ですが、霊園によっては1年・3年・5年などの短期間を選べるケースもあります。

　一定の期間が過ぎると遺骨は合祀され、他の人の遺骨と混ざってしまいます。より分けて取り出すことはできないので注意しましょう。

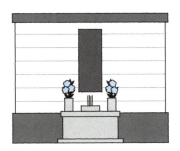

永代供養の安置期間は改葬前に調べておこう

6 改葬後に注意すべきポイント

❀ 改葬後の注意点

(1) 改葬後も費用負担が続く

　改葬後もお墓は残りますので、それに伴う様々な費用がかかります。

　改葬する場合、新しいお墓を用意する必要があります。お墓の形状や大きさ、素材、構造などによって異なりますが、一般的には数十万円から高額なものでは数百万円になる場合もあります（第3章8参照）。

(2) 家族関係の変化

　改葬は先祖に対する考えや祟りなどを理由に親戚から反対されるケースが少なくありません。進め方によって家族関係が悪化したり、家族間で意見が割れるなどのトラブルが発生する可能性があります。

　また、代々受け継がれてきたお墓がなくなることで、精神的な喪失感を覚える方もいるかもしれません。

　改葬によって家族関係が悪化する可能性もありますので、そうならないよう、家族間で事前に十分な話し合いを行い、合意形

成を図ることが重要です（第3章4参照）。

（3）旧墓地の処分

改葬後は旧墓地の処分について検討することになります。処分方法は、以下のようなものがあります。

● 墓地を更地に戻す

墓石を撤去し、墓地を更地に戻す方法です。この場合、墓地の使用権を手放すことになるため、手続きが必要です。

● 墓石のみを撤去する

墓石を撤去し、墓地の使用権は維持する方法です。将来的に再利用できるメリットがあります。

● 墓石を新しい納骨先に移設する

墓石を改葬先に移設する方法です。この場合、墓石の解体と運搬、再組み立てが必要になります。

旧墓地の処分方法は、費用や手続きの面から総合的に判断することが大切です。また、処分の際は、墓地管理者や石材店と相談し、適切に進めましょう。

（4）定期的な墓参り、供養

　改葬後も定期的な墓参りと供養を続けることが大切です。定期的な墓参りを通じて、お墓を清潔に保ち、故人への感謝と追悼の気持ちを表すことが大切です。また、墓参りの際は、家族で故人を偲び、絆を深める機会としても活用しましょう。

　改葬後のお墓の管理と供養は、故人の尊厳を守り、家族の絆を継続していくために欠かせません。新しいお墓を大切に守り、故人の魂を慰める努力を続けましょう。

　お墓参りの時期に絶対的な決まりはなく、いつ行っても問題はありませんが、一般的に適していると言われる時期は、次の通りです。

	時期
お彼岸	春分の日（3月20日付近）・ 秋分の日（9月22日付近）
お盆	8月13日〜16日・ 7月15日付近（一部地域）
年末年始・お正月	12月末〜1月初旬
故人の命日	祥月命日・月命日
その他	帰省したタイミング（年末年始やゴールデンウイークなどの長期休み）、 人生の節目（進学や成人、就職、結婚、出産、転居の前後など）

⑥ 改葬後に注意すべきポイント

❄ 改葬は慎重に

　近年、核家族化や承継者不足などの理由から改葬を選択する方が増えています。改葬後にこんなはずじゃなかったと後悔しないよう、事前に家族などと十分に話し合い、納得した上で決定することが大切です。

　改葬後も新しいお墓の管理と承継、定期的な墓参りと供養を行うことが重要です。大切な故人のために、改葬について正しい知識を持ち、適切な判断をするようにしましょう。

4 改葬・墓じまいのステップ

Q&A

Q 引っ越し先のお墓を探すためのポイントはありますか？

A 　お墓選びはほとんどの方にとってそうそうあるものではありません。最近は、従来の一般的な家墓以外にも様々なお墓の選択肢が登場しているため、何を基準に選べばいいのか悩んでいらっしゃると思います。

　お墓を探すにあたり、お墓選びのポイントを押さえておくと絞りやすくなります。お墓選びの参考にしてほしいポイントは、次の通りです。

☑ **宗教・宗派の確認**
宗派、宗旨不問か。

☑ **お墓の形式**
家墓のような承継者がいることが前提となるタイプか、納骨堂や樹木葬などの承継者が不要な永代供養タイプか。

? Q & A

☑ **経営母体**
　民営か公営か、寺院か霊園かなど。

☑ **予算の確認**
　お墓の価格が予算内に収まっているか、価格
　は適切かどうか。

☑ **立地**
　通いやすいかどうか。

☑ **霊園や墓地の設備・管理体制、周囲の環境**

Q 合葬墓に遺骨を納めると二度と取り戻せない
と聞きましたが、本当でしょうか？

A 　合葬墓に遺骨を納め、他人の遺骨と一緒に埋葬（合祀）
した場合には、他人の遺骨と混じってしまい、誰の遺骨
か区別がつかなくなるため、遺骨を分けて取り出すこと
はできません。

　そのため、合葬墓を検討する場合には、将来、遺骨の
取り戻しができなくなることを考えておきましょう。

　最近では、後々遺族からの遺骨の返還をめぐってトラ

ブルにならないよう最初から埋葬（合祀）するタイプの永代供養墓ではなく、一定期間（数年間）は遺骨を個別に保管する寺院や霊園が増えています。

どれくらいの期間で遺骨が合祀されるか、事前に確認しておくとよいでしょう。

第 5 章

改葬・墓じまいと終活の考え方

将来、自分のお墓はどうするか

❋ まずは「自分のお墓」から考えてみる

「先祖伝来のお墓が遠く離れた故郷にある」「子どもがいないのでお墓を承継させる人がいない」など、お墓に関する悩みは人それぞれあると思います。改葬や墓じまいを考えている人もいますが、自分のお墓をどうするかも含めて考えるのが大事です。

明らかに問題があるのに「とりあえず、今はこのまま」と先延ばしにすると、子や孫、あるいは親族が、いずれは同じような悩みを抱えるかもしれません。今あるお墓に納められている遺骨の行き先は、自分の代でしっかりと考えておく必要があります。「先祖代々のお墓に入るのが当然」という人も、一度は「このままで大丈夫なのか」と考えてみましょう。考えているうちに、新しい選択肢が出てくるかもしれません。

自分のお墓をどうするか考えるときに軸となるのが「誰と入るか？」と「どんな供養を望むか？」です。お墓というと場所や形を意識しがちですが「誰と入るか？」も大事なポイントです。

自分という存在の礎になったご先祖様と一緒に眠るのか、それとも1人で静かに眠りたいのか、考え方は人それぞれです。いずれは子や孫が来てくれて、家族と一緒に眠りたいという人も

① 将来、自分のお墓はどうするか

いるでしょう。「誰と入るか？」を考えることで、そのまま先祖代々の墓でいいのか、改葬や墓じまいが必要なのかも見えてくるはずです。

　そして「どんな供養を望むか？」も、自分のお墓をどうするかを考える上で重要なポイントです。お彼岸や命日に家族や親戚で集まって偲んでほしいのか、特別な供養は必要ないけど日々の中で思い出してほしいのか、それとも、自分のことはさっさと忘れてほしいのか。死後に子や孫にどんなふうに供養してもらいたいのかを考えるうちに、自分が希望するお墓の姿も定まってくると思います。

　自分のお墓だけでなく、配偶者がどのようなお墓を望んでいるのかも、前もって聞いておくとよいでしょう。既婚女性の3人に1人は「旦那の実家の墓に入りたくない」と考えているという調査結果もあるので、生前に話し合っておけば、墓に関するモヤモヤもある程度は解消されると思います。

●あなたは配偶者と同じお墓に入りたいですか

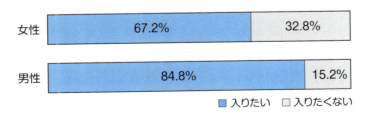

出典：保険クリニック「帰省やお墓・終活についてアンケート調査」(2016年)

世の中の雰囲気だけで自分のお墓を決めない

近年は社会の変容が著しく、昔ながらの慣習や価値観を持ち続けるのも難しくなっています。今までのスタンダードだった「石碑を伴う野外のお墓」を選択しない人も増えています。そうした世相を受けて「子に負担をかけるのではないか」「迷惑になるのでは」と考え、早々に改葬や墓じまいを選ぶ人もいます。しかし、世の中の雰囲気だけで自分のお墓を決めてしまうのは早計です。

「先祖代々のお墓で安らかに眠りたい」という考え方は、決して古いものではないです。そもそも累代墓が一般的になったのも昭和に入ってからで、歴史が古いわけではありません。先祖代々のお墓に眠りたいのであれば、それを家族にもはっきりと伝えておきましょう。

自分が育ててきた子に少しだけ頼ることは、必ずしも負担や迷惑というわけではありません。中には、墓じまいを急いで行ってしまい、あとで後悔する人もいます。自分の問題ですから、世の中の風潮に流されずにじっくりと考えるのが大事です。

近年は改葬や墓じまいが「お墓問題を解決させる切り札」とされる風潮がありますが「費用がかかる」「書類手続きに手間がかかる」などのデメリットもあります。お墓は単に遺骨が納められているだけでなく「先祖代々の魂が眠る場所」とも考えられています。改葬や墓じまいをするのは個人の自由ですが、親族や寺院

①　将来、自分のお墓はどうするか

とトラブルになることもあるので、事前に十分な説明をしておきましょう。

　以上の点を踏まえ、「自分のお墓」をどうするかを生前に決めるようにします。墓作りが必要ならその準備に取り組み、改葬や墓じまいをすると決めたら、親族や寺院に相談しましょう。

⑤　改葬・墓じまいと終活の考え方

生前の準備と法的なアドバイス

❈ 終活としての改葬・墓じまい

　近年では終活の一環として、自身の葬儀やお墓について伝統的な墓の管理が難しいと感じる人が増えており、残された遺族に負担をかけないために、生前から改葬や墓じまいを考える方が増えています。

　高齢になるとお墓の管理や維持が難しくなることが多く、特に子どもたちが遠方に住んでいる場合、定期的な墓参りや管理が困難になります。また、お墓の維持費や管理費は年々増加する傾向にあり、その対策として散骨や樹木葬、合祀墓などの新しい選択肢も増え、お墓に対する考え方も変わってきました。

　生前のうちに、自分が亡くなった後のことを準備しておくことで、死に対する不安解消につながるとともに、遺族の負担を軽減することができます。

　ここでは改葬や墓じまいを生前準備する際に活用したい2つの方法について紹介します。

② 生前の準備と法的なアドバイス

❋ エンディングノートを活用する

エンディングノートは、自分の人生の終わりに備えて、残されるご家族や大切な人に伝えておきたいことや自分の希望などを事前に書いておくものです。ご自身の終末期や死後に残された家族が様々な判断や手続きを進める際に、必要な情報を書き残すという目的があります。加えて、現在は様々なお墓から自分に合ったものを選ぶことが可能です。

生前から自分の意思を反映させたお墓の準備を済ませれば、万が一のとき、死後に周囲があなたにとって不本意な形で進めるリスクを減らすことができます。また、エンディングノートで自分のお墓に関する希望を表明しておくことで、遺族は供養について悩まず、親族間のトラブルを避けることにもつながります。

❋ 死後事務委任契約を活用する

(1) 死後事務委任契約とは

死後事務委任契約は、自分が死んだ際に必要となる様々な手続きをトータルで任せる契約です。

人が亡くなると、行政への届出や葬儀、埋葬、納骨、遺品の整理、施設や各種契約の清算・解除など多くの手続きが必要になります。近くに家族がいればこのような死後の手続きを家族に対

応してもらうことができますが、一人暮らしの高齢者などの場合、頼れる人がいないケースもあります。

　親族が死後の手続きができる場合は、死後事務委任契約を利用することはあまりありません。しかし、身寄りのない方や遠方に親族がいる方などは、本人が亡くなった後に死後事務を代行してくれる方がいません。また、親族との関係が良くない場合、自分の理想とする葬儀方法や埋葬・納骨方法を実現してくれるか不安な場合もあります。

　そのような場合に信頼できる第三者（弁護士などの専門家）と死後事務委任契約を結んでおくことで、死後の手続き等を代行してもらうとともに自分の理想とする葬儀や埋葬・納骨・散骨方法を確実に実現することができます。

（2）死後事務委任契約でできること

　死後事務委任契約では様々なことをお願いすることが可能です。例えば次のような事項をお願いすることができます。

・遺体の引き取りに関する事務
・通夜、告別式、火葬等、葬儀及び埋葬に関する事務
・菩提寺の選定、永代供養に関する事務
・家族、親族、その他関係者への連絡事務
・行政官庁等への諸届出事務
・家賃・地代・管理費等の支払い、敷金・保証金等の支払いに関

②　生前の準備と法的なアドバイス

> する事務
> ・賃借建物の明渡しに関する事務
> ・医療機関、療養施設等の退院・退所手続きに関する事務
> ・生前に発生した未払の債務（医療費、施設利用料、公共料金等）
> ・遺品（家財道具等）の整理・処分に関する事務
> ・相続人・利害関係人等への遺品・相続財産の引継事務

（3）死後事務委任契約は弁護士に相談しよう

　死後事務委任契約では、任せる死後事務の内容やお願いする相手との間で自由に定めて契約することができますが、委任者の死亡後に相続人との間でトラブルになる可能性があるため、委任事務を吟味しておく必要がありますので、契約を考える際には、事前に弁護士などの専門家に相談するとよいでしょう。

　また、死後の事務処理を委任する上では信頼できる親族や弁護士などの専門家に任せることをおすすめします。弁護士は、弁護士法その他の法律の定めにより、適正な財産管理や秘密の保持等について重い義務を負っています。また、弁護士は、司法書士や行政書士よりも取り扱える法律事務の範囲が広いので様々な死後事務を任せることができます。

　死後事務を誰に任せてよいかわからないという方は、まずは弁護士に相談してみるとよいでしょう。

3 エンディングノートで家族と共有する

❋ エンディングノートに書いておくもの

　第5章2の通り、自分に何かあったときに備えて、家族が様々な手続きを進める際に必要な情報を残すためのノートを「エンディングノート」といいます。残された家族の負担を軽減したり、自分の最後の希望を伝えるのに役立ちます。

　エンディングノートには基本情報（氏名、生年月日など）のほか、かかりつけ医や持病・アレルギーの有無といった医療情報も書いておきます。亡くなったあとの連絡をスムーズにできるよう、もしもの時の連絡先も書きましょう。預貯金や不動産、金融商品、保険、年金など、財産に関する情報も記録します。借金やローンといった負債も漏れなく明記し、返済方法や処理方針を明確にしておきます。一人暮らしでペットを飼っている人は、ペットの引き取り先や好物、かかりつけの獣医や保険など、ペットの情報も記載します。

　人が亡くなったあとは役所での手続き以外にも、クレジットカードや携帯電話、サブスク、SNSなど、様々なサービスの解約が必要になります。これらを放っておくと料金の引き落としが発生したり、大事なデータが失われたりするので、エンディング

ノートに現在契約中のサービスをリストアップしておきましょう。IDやパスワードも書いておくと、解約するのに便利です。

エンディングノートに書いたことは必ず実行されるわけではないですが、家族と共有することで実行されやすくなります。自身の死後に誰にも読まれなければ意味がないので、保管場所も明確にしておきましょう。ただし、重要な金融情報やID・パスワードといった個人情報が目につきやすい場所にあると、情報流出や盗難などのリスクが高くなります。簡単に見つかる場所での保管は避け、金庫やカギがかかる引き出しなど、家族だけが知っている場所に保管するとよいです。

❀ 葬儀・お墓についても記しておく

前述の情報に加えて、エンディングノートには、葬儀やお墓についても書いておくとよいです。お墓をどうするかについては、すでに用意していたり、方針を決めている人も多いと思います。家族と情報を共有しておけば、亡くなったあとも安心です。家族がすでに知っている場合でも、共通認識として確認できるように、お墓の詳細をエンディングノートにまとめておきましょう。

お墓については、遺骨を納める墓地の有無、お墓がある寺院や霊園の情報を入力します。新しく墓石を建てる場合は、形やデザイン、墓石に入れる文字の希望などを書きます。永代供養を希望しているときは、その詳細を記録しましょう。

散骨や手元供養といった特別な供養を希望している場合は、特にしっかりと書いておく必要があります。家族と情報を共有しておくのは言うまでもありませんが、なぜその供養を希望するのかも明記しておくと、業者や役所とのやり取りにも役立ちます。希望の散骨業者や散骨地の希望、手元供養の保管場所など、情報を細かく記入しておきます。

　亡くなったあとは何かと慌ただしくなるので、葬儀に関する情報も書いておくと親切です。葬儀は一般的な規模のものにするのか、それとも家族葬で済ますのか。供花や供物、香典はいただくのか、辞退するのか。法要はいつまで行うのか。それらの情報を書いておけば、残された家族も迷わずに済むことでしょう。

③ エンディングノートで家族と共有する

エンディングノートに書くこと (一例)

- 氏名
- 生年月日
- 住所
- 電話番号
- 緊急連絡先
- かかりつけ医
- 持病・アレルギーの有無
- 預貯金
- クレジットカード
- 不動産
- 金融商品

- 保険
- 年金
- 借金・ローンと返済先
- ペットの情報
- 利用中のサービス
  （サブスク・SNS等）
- 葬儀に関する希望
- 墓地の連絡先
- お墓を建てる場合の希望
- 散骨等に関する希望

⑤ 改葬・墓じまいと終活の考え方

家族の絆を深める終活の進め方

❋ 終活の目的

　終活は「人生の終わりの活動」のことで、具体的にどのようなことをするかは人によって異なります。一般的には、今後の介護や医療についての意向、葬儀やお墓に関すること、遺産相続、身の回りの整理など人生の最期を意識して準備を行うことなどでしょうか。

　終活の目的は様々ですが、ご家族やご親族がいらっしゃる方は、次のような目的で行う方が多いのではないでしょうか。

(1) 家族の負担を減らしたい

　人が亡くなると、遺された家族は葬儀や墓の手配、遺産相続、遺品整理など様々な手続きに追われることになります。これらの手続きをスムーズに行うには、訃報時の連絡先のリストアップ、葬儀会社への連絡手配、遺品の仕分けなど多くの手順を踏む必要があります。中には故人しか知り得ない情報もあるため、事前に準備もしていないと、家族に多くの負担を与えることになります。

(2) 残された家族が相続やお墓などをめぐって揉めてほしくない

遺産相続やお墓の承継をめぐる争いはめずらしいことではなく、ときには調停や訴訟などに発展するケースもあります。自分の死後、家族がいがみ合い、仲違いしてしまうのは避けたいところです。終活を通してお墓のあり方や遺産分割の方法を決めておけば、将来のトラブルをある程度防ぐことができます。

✻ 終活は家族との絆を深めるチャンス

終活は自分自身のためだけでなく、残された家族に行うものでもあります。終活を通じて親が自分の意思を家族に伝え、家族がそれに従いサポートをすることで、家族間の信頼関係が強まります。

終活は残された人生をより豊かにするだけでなく、これまで以上に家族との関係を深める貴重な機会です。家族との絆を深める終活の進め方についてご紹介します。

(1) 家族全員が意見を共有できる環境を作ろう。

終活に関する話題はデリケートになりがちですが、将来のことや、親の意思について話し合うことで、家族の信頼関係が強化されます。また、終活を通じて親の価値観や人生観を知ることができるため、家族の絆が一層深まるでしょう。

家族で協力して終活を進めることは、親にとっても安心感を得られると同時に、子どもたちにとっても親の意思を尊重しながら将来を見据える大切なステップとなります。これにより将来のトラブルを回避することにもつながります。

　終活を進める中で、家族全員がオープンに意見を共有できる対話の場を設けることで家族の絆を深めることにつながります。

（2）家族全員の意見を尊重しよう

　親の希望を最優先するのは当然ですが、子どもたちの意見や不安も聞きながら、できる限り全員が納得する形で終活を進めるとよいでしょう。

　例えば、親が希望する葬儀や介護について家族で話し合い、それぞれの意見を出し合う場を設けることで、家族間の信頼が深まります。また、親の気持ちや希望を理解することで、子どもたちも自分たちが何をすべきかが明確になり、実際に終活が進みやすくなります。

　終活は残された家族のために行うものでもありますので、家族間でのトラブルを招かないよう、できる限り家族の意見を尊重する形で進めるようにしましょう。

（3）エンディングノートを書こう

　終活の一環としてエンディングノートを作成することをおすすめします。エンディングノートは、自分の希望する終末期医療

④ 家族の絆を深める終活の進め方

や葬儀の形式、遺産の分配方法などを記載するノートです。

　そして、エンディングノートを家族と共有することで、もしもの時に家族が戸惑うことを避けることができます。また、家族と一緒に話し合うことで、自分の考えを理解してもらい、安心感を与えることができます。

5 改葬・墓じまいと終活の考え方

 Q&A

Q エンディングノートと遺言書はどう違うのでしょうか？

A　エンディングノートと遺言書の一番の違いは、法的効力の有無です。

　エンディングノートは、この世を去るに際し自分の希望や遺族に伝えたいこと、葬儀や法要に関することなど様々な内容を記すことのできる文書です。書き方や内容に制限はなく、自由に作成してかまいません。

　もっとも、エンディングノートには基本的には法的効果が認められません。例えば、エンディングノートに「妻に私の土地、建物を相続させる」「二男にお墓を承継させる」などと書いても、相続人たちが指示に従う必要はなく、反対する相続人がいたら、相続をめぐってトラブルに発展する可能性があります（ただし、エンディングノートの内容が遺言書としての要件を満たしている場合には、自筆証書遺言として有効です）。

　一方、遺言書は、法律が定める要件を満たしていれば、遺言書に記載された内容のうち、民法に定められた遺言事項については、法的効力が生じます。相続財産の分割

Q & A

の仕方やお墓の承継者などについて遺言書の内容に従わせることができます。

エンディングノートと遺言書は、それぞれ目的や役割が異なりますので、上手に使い分けて円満な相続を実現させましょう。

Q 墓じまいをするにあたっては家族や親族の同意を得る必要はあるのでしょうか？

A　墓じまいの決定権は、祭祀承継者にあります。

したがって、墓じまいに家族などの同意が必要かどうかは、自分が祭祀承継者であるかどうかで変わります。

自分が祭祀承継者であれば、法的には親族の同意なしに墓じまいをすることができますし、逆に、自分が祭祀承継者でなければ、祭祀承継者の同意なしに墓じまいをすることはできません。具体的には、お墓の持ち主である祭祀承継者以外の人が墓じまいをする場合、祭祀承継者の承諾書なしに墓じまいの行政手続きをすることができません。

したがって、祭祀承継者が誰なのかを念頭に置いて墓じまいを進めましょう。

祭祀承継者だとしても、家族や親族の同意なしに墓じ

まいをすることは、その後の家族関係、親族関係に大きく影響する可能性があります。無用なトラブルを避けるという意味でも、できるだけ関係者全員が納得した上で、墓じまいを実行するとよいでしょう。

陥りやすいトラブル事例
必要な書類のサンプル
散骨のガイドライン
お墓に関する法律の抜粋

1 陥りやすいトラブル事例

❋ 事例1：お墓の承継問題

親の意思で故郷にあるお墓の承継者に指定されてしまいました。親には申し訳ないのですが、費用の負担をしたくありませんし、管理も面倒なので拒否したいのですが、可能でしょうか？

●お墓の承継を拒否することはできない

結論から申し上げると、被相続人の指定、慣習、家庭裁判所の選択などでお墓の承継者に選ばれた場合、それを拒否することはできません。

不動産や預貯金などの通常の遺産であれば、相続放棄により、相続を拒否することができますが、お墓のような祭祀財産については相続放棄のような制度はありません。

●放置せずに対策をとろう

祭祀承継者になったがお墓を相続したくない、それでも放棄もできないので、その対応策として名義変更をせずに放置するという方法が考えられます。

①　陥りやすいトラブル事例

　しかし、名義変更を行わない場合でも、管理費やお墓の撤去にかかった費用を請求される場合もありますので、名義変更をせず放置することはおすすめできません。また、名義変更せずに放置した場合、お墓は無縁墓として、墓地管理者に撤去されてしまいます。もっとも、遺骨が廃棄されるようなことはなく、他の無縁仏と一緒に合祀されることになります。

　したがって、名義変更を行った上で、①承継してもらう人を探す、②永代供養をする、③墓じまいをするなどといった方法を考えてみるとよいでしょう。

●他の相続人に費用請求はできないのが原則

　祭祀承継者になると墓地などの祭祀財産を受け継ぐだけでなく、墓地の管理料や永代供養費の支払い、法要の営み、檀家としての費用などの経済的な負担を伴うのが一般的です。このような費用は、相続人や親族との間で取り決めがある場合を除き、基本的には祭祀承継者が負担しなければなりません。祭祀承継者は、他の相続人や親族に対して当然に費用を請求できるわけではありません。

　また、祭祀承継者に選ばれたからといって、相続財産について他の相続人よりも多い取り分を当然に主張できるわけでもありません。もっとも、遺言や遺産分割協議の中では、祭祀承継者の経済的な負担を考慮して、祭祀承継者に有利に取り計らうことはあります。

167

●承継する前に話し合いを行う

　前述のとおり、お墓の承継者に指定された人は、原則としてそれを拒否することはできませんし、様々な負担を負うことになります。

　お墓の承継は、家族や親族の歴史や絆に関わる重要な事柄ですので、将来トラブルを招かないよう承継者になる予定の人から了解を得ておくこと、祭祀承継者の経済的負担を考慮して相続財産を多めに渡すことなど、双方の理解や合意が得られるよう話し合いをしておくことをおすすめします。

1 陥りやすいトラブル事例

❋ 事例２：墓じまいの費用対策

墓じまいをしたいのですが、経済的余裕がありません。墓じまいには数十万円〜数百万円かかると聞きました。墓じまいの費用を抑える方法はないでしょうか？

●情報収集を行う

　墓じまいにかかる費用の内訳は、大きく分けて「お墓の撤去に関する費用」「行政手続きに関する費用」「新しい納骨先に関する費用」の3つです（第3章8参照）。

　墓じまいの費用の中で大きいものとしてお墓の撤去費、納骨先の永代供養墓等の費用があります。まずは、事前にこれらの費用について十分に情報収集をしておくことが大切です。お墓の撤去費でも、石材店によっては10万円以上の差が出る場合もありますので、できれば数社から見積書をとってみるとよいでしょう。

　納骨先の費用をできるだけ抑えたい場合には霊園等が運営している永代供養墓の合祀が挙げられます。数万円程度から納骨が可能なところもあるようです。

　その他にもお布施、離檀料等がかかる場合があります。

　まずは複数の業者から見積書を取り寄せるなどして、予算の中で納得のいく墓じまいを進めるとよいでしょう。

●**家族や親族に相談する**

　墓じまいの費用は自分だけで負担しなければならないものではありません。お墓は本来家族で代々守っていくものですので、家族に相談したり、協力を依頼してみるとよいでしょう。

　また法律上、お墓の承継者は配偶者や長男に限られず、その他の家族、親族、友人、知人などが承継することも可能ですので、例えばお墓が遠方といった理由で墓じまいを考えている場合には、お墓の近くに住む親戚などに承継をお願いするという選択も考えられます（ただし、寺院によっては血縁者に限る場合もあります）。

●**管理元のお寺に相談する**

　お墓がお寺にある場合は、寺院の住職に相談することも考えられます。

　墓じまいをする際は、法要を行ったり離檀料を支払ったりする必要があります。経済的な事情などを素直に話すことで、墓じまいに必要な費用を考慮してくれたり、墓じまいの相談に乗ってもらえる場合もあります。

●**自治体に相談する**

　家族や親族からの援助が難しい場合には、お墓のある自治体に相談することも考えられます。

　お墓の管理者がいないまま放置されてしまう「無縁仏」の増加

問題を背景に、自治体によっては墓じまい（墓の撤去）に対する補助金制度を設けている場合があります（例：千葉県市川市、千葉県浦安市等）。墓じまいの補助金対象となるのは墓石の撤去費用が主で、工事にかかった料金の全額または一部を負担してくれます。ただし、補助金制度がある自治体は少ないのが現状です。

　また、補助金以外の方法で墓じまいをサポートする制度を用意している自治体もあります（例：東京都、大阪府泉大津市、大阪府岸和田市等）。

　自治体によって助成制度や利用条件が異なりますので、事前に確認するようにしましょう。

●墓じまい代行業者に相談する

　墓石の撤去から改葬先の手配まで、一連の作業を代行してくれる墓じまい業者に依頼することにより、個人で行うよりも労力はかからず、費用面においても安く済ませられるケースがあります。

❋ 事例3：墓じまいをめぐる金銭トラブル

墓じまいを行うにあたり、お墓の管理者から高額な離檀料を請求されました。応じるしかないのでしょうか？
また、墓じまいに際して、すでに支払った永代供養料の一部返金を求めることは可能でしょうか？

●当然に離檀料を支払う義務はないが、相場の範囲であれば支払う選択もある

寺院墓地の場合、改葬の際、これまでお墓を守っていただいたことや、お世話になったことへの感謝の気持ちとして離檀料を払うことがあります。

お寺によっては離檀料を受け取らないというところもありますが、反対にお寺の側から離檀料を請求してくるケースもあります。離檀料の相場は、概ね3万円〜30万円ほどとされていますが、中には改葬や墓じまいに際して、数百万円といった高額な離檀料を求められたというケースもあるようです。

墓地使用契約や墓地規則に離檀料の定めがない限り、離檀料を支払う明確な法的根拠はありません。また、離檀料は慣習的に定められているもので、契約や規則に記載しているケースは稀でしょう。

したがって、契約や規則に定めがない離檀料を支払う法的義

務はなく、お寺がその支払いを法的に強制することはできません。ので、高額な請求に対しては断ることは可能です。

　もっとも、墓じまいというデリケートな作業に、寺との間でトラブルになるのは気持ちがよくないものですので、できる限り話し合いによって解決するのが望ましいでしょう。離檀料は、檀家をやめる際にこれまで世話になったお礼として、寺にお渡しするお布施の一種で風習としてあるものですので、気持ちよく離檀するために相場の範囲であれば支払うという選択もあろうかと思います。

●永代供養料の返金を求めることは原則としては難しい

　一般的には墓地使用を開始するにあたり一括で支払う永代供養料は、墓地使用期間に対応した墓地使用の対価ではなく、墓地使用権の設定に対する対価と考えられています。そのため、支払い済みの永代供養料は返還を予定されておらず、改葬や墓じまいに際してその一部が返還されることは少ないとされています。

　したがって、墓じまいや改葬を行う際に永代供養料の返還は認められない可能性が高いといえます。

　もっとも、墓地使用契約・規則の内容、解釈、宗教法人との間の明示または黙示の合意などの個別具体的な事情によっては、結論が異なる可能性もありますので、永代供養料の返還を求めたい場合には、弁護士などの専門家に相談することも考えられます。

❋ 事例4：墓じまい代行業者

墓じまいを自分で行うのは大変で手間もかかるので、代行業者にお願いしようと思っています。代行業者はどのようなことを代行してくれるのでしょうか？ また、できないこともあるのでしょうか？

●墓じまいの代行業者とは

墓じまい代行とは、墓石の撤去や遺骨の取り出し、納骨先の紹介など墓じまいに必要な手続きを、家族や親族の代わりに行うサービスのことです。墓じまいを行うためには、供養方法や納骨先の選定、改葬手続きや遺骨の取り出し、お墓の撤去など、様々な作業が発生します。このような手続きを専門業者が代行することで、家族や親族の負担を減らすことができます。

最近はニーズの高まりから、代行業者が増えており、イオンなどの大手会社も墓じまいの代行サービスに参入するなど注目されています。

●代行業者ができること・できないこと

代行業者といっても、すべての作業を代行してくれるわけではありません。サービス内容や費用は様々ですが、基本的に代行業者ができること・できないことは以下の通りです。

① 陥りやすいトラブル事例

（1）できること

● 墓石の解体撤去

代行業者が墓石の解体、撤去を行います。

● 遺骨の移送・保管、閉眼供養、納骨

代行業者は遺骨の取り出しと移動を行い、それとあわせて閉眼供養を行います。また、引っ越し先のお墓への納骨を行います。

資料

● 改葬手続きのサポート

市区町村役所に提出する必要書類の準備など、改葬手続きをサポートしたり、墓じまいに必要な書類に漏れがないようアドバイスしてくれます。

ただし、書類の記入や提出は自分でしなければならないことに関しては注意が必要です。墓じまいに必要な改葬許可申請や墓地廃止許可申請などを代行してもらう場合には、弁護士や行政書士などの国家資格を有している者に限られ、一般の石材店や代行業者が行うことはできません。無資格で行った場合、代行業者は弁護士法等の法律違反として、刑罰の対象となります。依頼された方もトラブルに巻き込まれる可能性があります。

● 寺院や霊園との交渉

お寺や霊園との交渉や改葬先の選定や墓地の返還に関する交

渉を代行します。ただし、お寺から離檀料を請求された場合の交渉や契約関係をめぐる交渉を代行することは弁護士法に違反することになりますので、そのような事柄は弁護士しか代行することができないことは注意が必要です。

(2) できないこと
● 家族、親族への説得・交渉
　代行業者は家族や親族への説得や交渉は基本的にできません。

　墓じまいを進めるにあたって、家族や親族の理解や承諾を得ておくことは大切です。家族や親族への説明や説得を代行業者に行ってもらうことも可能ですが、見ず知らずの代行業者ではかえって話がこじれたり、関係性が悪化する可能性もあります。

　家族や親族への話し合いは、代行会社に任せるのではなく、当事者間で話し合いをするようにしましょう。

　家族や親族との間で金銭面での折り合いがつかない場合や、祭祀財産の承継や相続が絡むようなトラブルになる場合には、弁護士に相談したり、弁護士に交渉を依頼するようにしましょう。

　また、上記のとおり、改葬手続きの代行やお寺との交渉などは弁護士や行政書士などの資格者でなければできないものもありますので、代行業者が弁護士や行政書士などと連携できる体制を整備しているかどうかを確認しておくとよいでしょう。

① 陥りやすいトラブル事例

●弁護士法

第72条（非弁護士の法律事務の取扱い等の禁止）

弁護士又は弁護士法人でない者は、報酬を得る目的で訴訟事件、非訟事件及び審査請求、再調査の請求、再審査請求等行政庁に対する不服申立事件その他一般の法律事件に関して鑑定、代理、仲裁若しくは和解その他の法律事務を取り扱い、又はこれらの周旋をすることを業とすることができない。ただし、この法律又は他の法律に別段の定めがある場合は、この限りでない。

資料

第77条（非弁護士との提携等の罪）抜粋

次の各号のいずれかに該当する者は、2年以下の懲役又は300万円以下の罰金に処する。

三　第72条の規定に違反した者

●行政書士法

第1条の2（業務）

行政書士は、他人の依頼を受け報酬を得て、官公署に提出する書類（その作成に代えて電磁的記録（電子的方式、磁気的方式その他人の知覚によっては認識することができない方式で作られる記録であって、電子計算機による情報処理の用に供されるものをいう。以下同じ。）を作成する場合における当該電磁的

177

記録を含む。以下この条及び次条において同じ。）その他権利義務又は事実証明に関する書類（実地調査に基づく図面類を含む。）を作成することを業とする。

第19条（業務の制限）

行政書士又は行政書士法人でない者は、業として第1条の2に規定する業務を行うことができない。ただし、他の法律に別段の定めがある場合及び定型的かつ容易に行えるものとして総務省令で定める手続について、当該手続に関し相当の経験又は能力を有する者として総務省令で定める者が電磁的記録を作成する場合は、この限りでない。

第21条　抜粋

次の各号のいずれかに該当する者は、1年以下の懲役又は100万円以下の罰金に処する。

二　第19条第1項の規定に違反した者

① 陥りやすいトラブル事例

❋ 事例5：墓じまいと弁護士

改葬や墓じまいを進める中でトラブルになった場合、弁護士と行政書士のどちらに相談するとよいでしょうか？　弁護士と行政書士は何が違うのかよくわかりません。

●弁護士と行政書士の違い

終活や墓じまいに関わる士業には、弁護士、行政書士などがいます。

弁護士は、法律相談・裁判・交渉・契約書作成などの法律事務全般を扱うことができます。弁護士でない者が法律事務を扱うと、法律で例外的に認められていない限り、刑罰に処せられる可能性もあります。

行政書士は、行政書士法という法律で、例外的に一部の法律事務を扱うことが認められていますが、弁護士と比べるとかなり限定された範囲内でしか法律事務を取り扱うことができません。また、法律事務における代理人となることはできません。そのため、示談交渉や裁判手続を行うこともできません。また、報酬を得る目的で法律相談を受けることもできません。

したがって、改葬や墓じまいに関する書類作成や申請代行などは行政書士が行うことは可能ですが、当事者間に争いがあったり、争いが生じうる案件の書類作成に携わることはできません。

資料

改葬や墓じまいで何らかの争いが発生している場合には、相手との交渉や調整が必要になると思われますので、まずは弁護士にご相談されることをおすすめします。

	弁護士	行政書士
業務範囲	法律事務全般を取り扱うことができる。	官公署に提出する書類作成など、一部の法律事務を取り扱うことができる。
法律相談	できる。	できない。 ※書類作成に必要な範囲内では依頼者の相談に乗ることはでますが、それは法律相談ではありません。
示談交渉の代理人	関与することができる。	関与することができない。
調停の代理人	関与することができる。	関与することができない。
訴訟の代理人	関与することができる。	関与することができない。

1 陥りやすいトラブル事例

●**専門分野を確認する**

　弁護士や行政書士にも専門分野がありますので、墓じまいについて相談や依頼をする場合には、事前に墓じまいに関する案件を取り扱っているか、これまでの取り扱い経験などを聞いておくとよいでしょう。

　その他、改葬や墓じまいに関するトラブルの相談先は、第1章末のＱ＆Ａもご参照ください。

資料

2 必要な書類のサンプル

●受入証明書

受 入 証 明 書

墓地使用者	住　所	
	氏　名	
受 入 場 所（新墓地）	墓地名	
	所在地	

上記墓地に埋葬可能であることを証明します。

令和　　年　　月　　日

【墓地管理者】

住　所（所在地）

墓地名（寺院）

管理者氏名　　　　　　　　　　　　　　㊞

② 必要な書類のサンプル

●埋葬・埋蔵・収蔵証明書

埋葬・埋蔵・収蔵証明書

	生　前　名	
死亡者	死亡年月日	
	埋葬等の場所	

　上記の死亡者の遺骨を当＿＿＿＿＿＿＿＿＿＿＿＿＿＿＿＿＿の

墓地に埋葬・埋蔵
納骨堂　に　収蔵　　してあることを証明します。

　令和　　年　　　月　　　日

　墓地・納骨堂管理者

　　　　住　　所

　　　　氏　　名　　　　　　　　　　　　　　　　㊞
　　　　　　　　　　　　　　　　　　（代表印又は法人印）

　本証明書は、改葬許可申請書に添付する書類として、埋葬若しくは埋蔵又は収蔵の事実を証明するため、墓地又は納骨堂の管理者が証明願います。

資料

●改葬許可申請書

<table>
<tr><td colspan="2" align="center">改 葬 許 可 申 請 書</td></tr>
<tr><td>死 亡 者 の 本 籍</td><td></td></tr>
<tr><td>死 亡 者 の 住 所</td><td></td></tr>
<tr><td>死 亡 者 の 氏 名</td><td></td></tr>
<tr><td>死 亡 者 の 性 別</td><td align="center">男　・　女　・　不詳</td></tr>
<tr><td>死 亡 年 月 日</td><td align="center">年　　月　　日</td></tr>
<tr><td>埋葬又は火葬の場所</td><td></td></tr>
<tr><td>埋葬又は火葬の年月日</td><td align="center">年　　月　　日</td></tr>
<tr><td>改 葬 の 理 由</td><td>□墓地移転の為　　□その他（　　　　　　　　　　）</td></tr>
<tr><td>改 葬 の 場 所</td><td></td></tr>
<tr><td>申請者の住所、氏名及び
死亡者との続柄</td><td></td></tr>
<tr><td>申請者と墓地使用者等と
の関係</td><td>□墓地使用者本人　□その他（　　　　　　　　　　）</td></tr>
<tr><td>墓地使用者等本人の承諾

※墓地使用者等本人が申請する場合は不要です。</td><td>　当該改葬許可申請につきまして、下記の申請者が手続きをすることを承諾します。
　　　　　年　　月　　日
　墓地使用者本人　住所
　　　　　　　　　氏名　　　　　　　　　　㊞</td></tr>
<tr><td>管 理 者 の 証 明</td><td>　埋葬、埋蔵又は収蔵されている場所

　　　　●●市

上記の場所に（埋葬・埋蔵・収蔵）されていることを証明します。
　　　　　年　　月　　日

　管 理 者　住所
　　　　　　氏名　　　　　　　　　　㊞</td></tr>
<tr><td colspan="2">墓地・埋葬等に関する法律第5条の規定に基づき、上記の改葬許可を申請します。
　　　　　年　　月　　日
●●市長　　　　　　　　様

　　　　　申 請 者　住所
　　　　　　　　　　氏名
　　　　　　　　　　TEL</td></tr>
</table>

※墓地使用者等とは、墓地使用者及び焼骨収蔵委託者のことです。

必要な書類のサンプル

【記入上の注意点】
・自治体によって、申請書類様式及び記載内容・方法が異なりますので、詳細は管轄の自治体に確認してください。
・本籍・住所等が不明な場合は、判明する限り記入してください。
　不明な項目はお寺（墓地管理者）に相談してみてください。お寺（墓地管理者）でも分からない場合はその項目は「不詳」と記載します。先祖代々のご遺骨で氏名等が不明の場合は、氏名欄に「先祖代々」と記載します。
・埋葬又は火葬の場所及び改葬の場所は、施設名と所在地を記入してください。
・申請者が墓地使用者（祭祀主宰者・祭祀承継者）でない場合は、墓地使用者の承諾書等が必要になります。
・申請者の死亡者との続柄記入欄につきましては、死亡者から見た続柄を記載する他、自治体により申請者から見た続柄を記載する場合があります。

3 散骨のガイドライン

散骨に関するガイドライン（散骨事業者向け）

（令和2年度厚生労働科学特別研究事業「墓地埋葬をめぐる現状と課題の調査研究」研究報告書より）

1 目的

本ガイドラインは、散骨が関係者の宗教的感情に適合し、かつ公衆衛生等の見地から適切に行われることを目的とする。

2 定義

本ガイドラインにおける用語の定義は次のとおりとする。
（1） 散骨　墓埋法に基づき適法に火葬された後、その焼骨を粉状に砕き、墓埋法が想定する埋蔵又は収蔵以外の方法で、陸地又は水面に散布し、又は投下する行為
（2） 散骨事業者　業として散骨を行う者
（3） 散骨関係団体　散骨事業者を会員とする団体

3 散骨事業者に関する事項

（1） 法令等の遵守

散骨事業者は、散骨を行うに当たっては、墓地、埋葬等に関する法律（昭和23年法律第48号）、刑法（明治40年法律第45号）、廃棄物の処理及び清掃に関する法律（昭和45年法律第137号）、海上運送法（昭和24年法律第187号）、民法（明治29年法律第89号）等の関係

3 散骨のガイドライン

法令、地方公共団体の条例、ガイドライン等を遵守すること。

(2) 散骨を行う場所

散骨は、次のような場所で行うこと。

① 陸上の場合 あらかじめ特定した区域（河川及び湖沼を除く。）

② 海洋の場合 海岸から一定の距離以上離れた海域（地理条件、利用状況等の実情を踏まえ適切な距離を設定する。）

(3) 焼骨の形状

焼骨は、その形状を視認できないよう粉状に砕くこと。

(4) 関係者への配慮

散骨事業者は、散骨を行うに当たっては、地域住民、周辺の土地所有者、漁業者等の関係者の利益、宗教感情等を害することのないよう、十分に配慮すること。

資料

(5) 自然環境への配慮

散骨事業者は、散骨を行うに当たっては、プラスチック、ビニール等を原材料とする副葬品等を投下するなど、自然環境に悪影響を及ぼすような行為は行わないこと。

(6) 利用者との契約等

① 約款の整備

散骨事業者は、あらかじめ散骨に関する契約内容を明記した約款を整備し、公表するとともに、利用者の求めがある場合には、約款を提示すること。

② 利用者の契約内容の選択

散骨事業者は、約款に定める方法により、利用者の契約内容に関する選択に応じること。

③ 契約の締結

• 契約内容の説明

散骨事業者は、契約の締結に当たっては、必要な教育訓練を受けた職員にあらかじめ適切な説明を行わせ、利用者の十分な理解を得ること。

・　契約の方法
　　散骨に係る契約の方法は、文書によること。

・　費用に関する明細書
　　散骨事業者は、契約の締結に当たっては、費用に関する明細書を契約書に添付すること。

④　契約の解約
　　散骨事業者は、約款に定めるところにより、利用者の解約の申し出に応じること。

⑤　散骨証明書の作成、交付
　　散骨事業者は、散骨を行った後、散骨を行ったことを証する散骨証明書を作成し、利用者に交付すること。

（7）　安全の確保
　　散骨事業者は、散骨を行うに当たっては、次のような措置を講ずるなど、参列者の安全に十分に配慮すること。

①　陸上の場合　歩道、安全柵等、必要な施設の設置等

②　海洋の場合　必要な教育訓練を受けた従事者及び補助者の配置、ライフジャケット等の安全装具の確保等

（8）　散骨の実施状況の公表
　　散骨事業者は、自らの散骨の実施状況（散骨の件数、散骨の場所等）を年度ごとに取りまとめ、自社のホームページ等で公表すること。

　　公表あるいは事業の紹介、PRにおいては、亡くなった人を含め、個人情報の取り扱いには十分に配慮すること。

③ 散骨のガイドライン

4　散骨関係団体に関する事項

（1）　散骨関係団体の役割

　　　散骨関係団体は、会員事業者やその職員に対する研修会の開催等、散骨が適切に行われるための取組みに努めること。

（2）　散骨の実施状況の公表

　　　散骨関係団体は、会員の散骨の実施状況（散骨の件数、散骨の場所等）を年度ごとに取りまとめ、自団体のホームページ等で公表すること。また地方公共団体の求めがあれば提出すること。

資料

海上において散骨をする場合において遵守すべき海事関係法令の解説

1. 基本的な考え方

　近年、葬送の在り方に関する国民の意識の変化に伴い、海上において散骨をする事例が見られるところである。本解説は、これを受け、散骨事業者が海上において散骨をする場合において、遵守する必要がある法令のうち、海事関係法令について整理したものである。

2. 海上運送法について

(1) 事業の許可・届出の手続き

- 　散骨を行うに当たって、旅客を乗船させる場合は、海上運送法の規制が適用される。
- 　旅客定員により手続きが分かれており、旅客定員13名以上の船舶は許可、旅客定員12名以下の船舶は届出を行うこと。
- 　許可、届出を行う場合は、安全管理規程の設定・届出、安全統括管理者の選任・届出及び運航管理者の選任・届出を行うこと。
- 　許可、届出の内容が変更となる場合は、変更の手続きを行うこと。
- 　最寄りの地方運輸局（運輸支局・海事事務所）で手続きを行うこと。（別添：地方運輸局連絡先一覧）
- 　船客損害賠償保険を締結すること。
  　（事業の許可・届出の際の条件として義務付けられた補償額が設定されている保険）

(2) 安全管理規程について

- 　届出をした安全管理規程を遵守して、事業を行うこと。
- 　船長は、旅客の転落防止策に応じて、乗船前・乗船時・着岸時に注意喚

起を行うこと。

3. 船員法について

- 総トン数5トン未満の船舶、港則法に基づく港のみを運航する船舶、政令で定める漁船やレクリエーションの用に供する小型船舶等を除き、船員法を遵守すること。

- 船員として船舶に乗り組む、船長及び海員並びに予備船員について、船員法に基づき、雇入契約や給料、労働時間、有給休暇などを定めること。

  船員労働には特殊性（海中転落の危険等）があるため、労働一般について定めた労働基準法とは別個の個別の法律である船員法を遵守すること。

4. 船舶職員及び小型船舶操縦者法について

- 小型船舶操縦者免許（一級もしくは二級）のみならず、「特定」免許を取得すること。

- 「特定」免許の取得には、安全講習の受講のうえ、地方運輸局等で手続きを行うこと。

- 船長は、旅客に救命胴衣を着用させること。

5. 船舶安全法について

- 船長は、船舶検査証書（臨時変更証）及び船舶検査手帳を船内に備えて置くこと。

- 小型船舶の所有者は、船舶検査済票を両船側の船外から見やすい場所にはりつけておくこと。

お墓に関する法律の抜粋

墓地、埋葬等に関する法律
昭和23年法律第48号

第1章　総則

第1条　この法律は、墓地、納骨堂又は火葬場の管理及び埋葬等が、国民の宗教的感情に適合し、且つ公衆衛生その他公共の福祉の見地から、支障なく行われることを目的とする。

第2条　この法律で「埋葬」とは、死体（妊娠四箇月以上の死胎を含む。以下同じ。）を土中に葬ることをいう。

2　この法律で「火葬」とは、死体を葬るために、これを焼くことをいう。

3　この法律で「改葬」とは、埋葬した死体を他の墳墓に移し、又は埋蔵し、若しくは収蔵した焼骨を、他の墳墓又は納骨堂に移すことをいう。

4　この法律で「墳墓」とは、死体を埋葬し、又は焼骨を埋蔵する施設をいう。

5　この法律で「墓地」とは、墳墓を設けるために、墓地として都道府県知事（市又は特別区にあっては、市長又は区長。以下同じ。）の許可を受けた区域をいう。

6　この法律で「納骨堂」とは、他人の委託をうけて焼骨を収蔵するために、納骨堂として都道府県知事の許可を受けた施設をいう。

7　この法律で「火葬場」とは、火葬を行うために、火葬場として都道府県知事の許可をうけた施設をいう。

第2章　埋葬、火葬及び改葬

第3条　埋葬又は火葬は、他の法令に別段の定があるものを除く外、死亡又は死産後24時間を経過した後でなければ、これを行ってはならない。但し、妊娠7箇月に満たない死産のときは、この限りでない。

第4条　埋葬又は焼骨の埋蔵は、墓地以外の区域に、これを行つてはならない。

2　火葬は、火葬場以外の施設でこれを行つてはならない。

第5条　埋葬、火葬又は改葬を行おうとする者は、厚生労働省令で定めるところにより、市町村長（特別区の区長を含む。以下同じ。）の許可を受けなければならない。

④ お墓に関する法律の抜粋

2　前項の許可は、埋葬及び火葬に係るものにあっては死亡若しくは死産の届出を受理し、死亡の報告若しくは死産の通知を受け、又は船舶の船長から死亡若しくは死産に関する航海日誌の謄本の送付を受けた市町村長が、改葬に係るものにあっては死体又は焼骨の現に存する地の市町村長が行なうものとする。

第6条及び第7条　削除

第8条　市町村長が、第5条の規定により、埋葬、改葬又は火葬の許可を与えるときは、埋葬許可証、改葬許可証又は火葬許可証を交付しなければならない。

第9条　死体の埋葬又は火葬を行う者がないとき又は判明しないときは、死亡地の市町村長が、これを行わなければならない。

2　前項の規定により埋葬又は火葬を行つたときは、その費用に関しては、行旅病人及び行旅死亡人取扱法（明治32年法律第93号）の規定を準用する。

　　　第3章　墓地、納骨堂及び火葬場

第10条　墓地、納骨堂又は火葬場を経営しようとする者は、都道府県知事の許可を受けなければならない。

2　前項の規定により設けた墓地の区域又は納骨堂若しくは火葬場の施設を変更し、又は墓地、納骨堂若しくは火葬場を廃止しようとする者も、同様とする。

第11条　都市計画事業として施行する墓地又は火葬場の新設、変更又は廃止については、都市計画法（昭和43年法律第100号）第59条の認可又は承認をもつて、前条の許可があつたものとみなす。

2　土地区画整理法（昭和29年法律第119号）の規定による土地区画整理事業又は大都市地域における住宅及び住宅地の供給の促進に関する特別措置法（昭和50年法律第67号）の規定による住宅街区整備事業の施行により、墓地の新設、変更又は廃止を行う場合は、前項の規定に該当する場合を除き、事業計画の認可をもつて、前条の許可があつたものとみなす。

第12条　墓地、納骨堂又は火葬場の経営者は、管理者を置き、管理者の本籍、住所及び氏名を、墓地、納骨堂又は火葬場所在地の市町村長に届け出なければならない。

第13条　墓地、納骨堂又は火葬場の管理者は、埋葬、埋蔵、収蔵又は火葬の求めを受けたときは、正当の理由がなければこれを拒んではならない。

第14条　墓地の管理者は、第8条の規定による埋葬許可証、改葬許可証又は火葬許可証を受理した後でなければ、埋葬又は焼骨の埋蔵をさせてはならない。

2　納骨堂の管理者は、第8条の規定による火葬許可証又は改葬許可証を受理した後でなければ、焼骨を収蔵してはならない。

3　火葬場の管理者は、第8条の規定による火葬許可証又は改葬許可証を受理した後でなければ、火葬を行つてはならない。

第15条　墓地、納骨堂又は火葬場の管理者は、省令の定めるところにより、図面、帳簿又は書類等を備えなければならない。

2　前項の管理者は、墓地使用者、焼骨収蔵委託者、火葬を求めた者その他死者に関係ある者の請求があつたときは、前項に規定する図面、帳簿又は書類等の閲覧を拒んではならない。

第16条　墓地又は納骨堂の管理者は、埋葬許可証、火葬許可証又は改葬許可証を受理した日から、5箇年間これを保存しなければならない。

2　火葬場の管理者が火葬を行つたときは、火葬許可証に、省令の定める事項を記入し、火葬を求めた者に返さなければならない。

第17条　墓地又は火葬場の管理者は、毎月5日までに、その前月中の埋葬又は火葬の状況を、墓地又は火葬場所在地の市町村長に報告しなければならない。

第18条　都道府県知事は、必要があると認めるときは、当該職員に、火葬場に立ち入り、その施設、帳簿、書類その他の物件を検査させ、又は墓地、納骨堂若しくは火葬場の管理者から必要な報告を求めることができる。

2　当該職員が前項の規定により立入検査をする場合においては、その身分を示す証票を携帯し、且つ関係人の請求があるときは、これを呈示しなければならない。

第19条　都道府県知事は、公衆衛生その他公共の福祉の見地から必要があると認めるときは、墓地、納骨堂若しくは火葬場の施設の整備改善、又はその全部若しくは一部の使用の制限若しくは禁止を命じ、又は第10条の規定による許可を取り消すことができる。

　　　　第4章　罰則

第20条　左の各号の一に該当する者は、これを6箇月以下の懲役又は5千円以下の罰金に処する。

一　第10条の規定に違反した者

二　第19条に規定する命令に違反した者

第21条　左の各号の一に該当する者は、これを千円以下の罰金又は拘留若しくは科料に処する。

一　第3条、第4条、第5条第1項又は第12条から第17条までの規定に違反した者

二　第18条の規定による当該職員の立入検査を拒み、妨げ、若しくは忌避した

④ お墓に関する法律の抜粋

　者、又は同条の規定による報告をせず、若しくは虚偽の報告をした者

第22条　法人の代表者又は法人若しくは人の代理人、使用人その他の従業者が、その法人又は人の業務に関し、前2条の違反行為をしたときは、行為者を罰する外、その法人又は人に対しても各本条の罰金刑を科する。

　　附　則

第23条　この法律は、昭和23年6月1日から、これを施行する。

第24条　日本国憲法施行の際現に効力を有する命令の規定の効力等に関する法律（昭和22年法律第72号）第1条の4により法律に改められた左の命令は、これを廃止する。

　　墓地及埋葬取締規則（明治17年太政官布達第25号）

　　墓地及埋葬取締規則に違背する者処分方（明治17年太政官達第82号）

　　埋火葬の認許等に関する件（昭和22年厚生省令第9号）

第25条　この法律施行前になした違反行為の処罰については、なお従前の例による。

第26条　この法律施行の際現に従前の命令の規定により都道府県知事の許可をうけて墓地、納骨堂又は火葬場を経営している者は、この法律の規定により、それぞれ、その許可をうけたものとみなす。

第27条　従前の命令の規定により納骨堂の経営について都道府県知事の許可を必要としなかつた地域において、この法律施行の際現に納骨堂を経営している者で、この法律施行後も引き続き納骨堂を経営しようとするものは、この法律施行後3箇月以内に第10条の規定により都道府県知事に許可の申請をしなければならない。その申請に対して許否の処分があるまでは、同条の規定による許可を受けたものとみなす。

第28条　この法律施行の際現に従前の命令の規定に基いて市町村長より受けた埋葬、改葬若しくは火葬の認許又はこれらの認許証は、それぞれ、この法律の規定によつて受けた許可又は許可証とみなす。

墓地、埋葬等に関する法律施行規則
昭和23年厚生省令第24号

　墓地、埋葬等に関する法律施行規則を次のように定める。

第1条　墓地、埋葬等に関する法律（昭和23年法律第48号。以下「法」という。）第5条第1項の規定により、市町村長（特別区の区長を含む。以下同じ。）の埋葬又は火葬の許可を受けようとする者は、次の事項を記載した申請書を、同条第2項に規定する市町村長に提出しなければならない。

　一　死亡者の本籍、住所、氏名（死産の場合は、父母の本籍、住所、氏名）

　二　死亡者の性別（死産の場合は、死児の性別）

　三　死亡者の出生年月日（死産の場合は、妊娠月数）

　四　死因（感染症の予防及び感染症の患者に対する医療に関する法律（平成10年法律第114号）第6条第2項から第4項まで及び第7項に規定する感染症、同条第8項に規定する感染症のうち同法第44条の9第1項に規定する政令により当該感染症について同法第30条の規定が準用されるもの並びに同法第6条第9項に規定する感染症、その他の別）

　五　死亡年月日（死産の場合は、分べん年月日）

　六　死亡場所（死産の場合は、分べん場所）

　七　埋葬又は火葬場所

　八　申請者の住所、氏名及び死亡者との続柄

第2条　法第5条第1項の規定により、市町村長の改葬の許可を受けようとする者は、次の事項を記載した申請書を、同条第2項に規定する市町村長に提出しなければならない。

　一　死亡者の本籍、住所、氏名及び性別（死産の場合は、父母の本籍、住所及び氏名）

　二　死亡年月日（死産の場合は、分べん年月日）

　三　埋葬又は火葬の場所

　四　埋葬又は火葬の年月日

　五　改葬の理由

　六　改葬の場所

　七　申請者の住所、氏名、死亡者との続柄及び墓地使用者又は焼骨収蔵委託者（以下「墓地使用者等」という。）との関係

2　前項の申請書には、次に掲げる書類を添付しなければならない。

４　お墓に関する法律の抜粋

　　一　墓地又は納骨堂（以下「墓地等」という。）の管理者の作成した埋葬若しくは埋蔵又は収蔵の事実を証する書面（これにより難い特別の事情のある場合にあつては、市町村長が必要と認めるこれに準ずる書面）
　　二　墓地使用者等以外の者にあつては、墓地使用者等の改葬についての承諾書又はこれに対抗することができる裁判の謄本
　　三　その他市町村長が特に必要と認める書類
第3条　死亡者の縁故者がない墳墓又は納骨堂（以下「無縁墳墓等」という。）に埋葬し、又は埋蔵し、若しくは収蔵された死体（妊娠４月以上の死胎を含む。以下同じ。）又は焼骨の改葬の許可に係る前条第一項の申請書には、同条第2項の規定にかかわらず、同項第1号に掲げる書類のほか、次に掲げる書類を添付しなければならない。
　　一　無縁墳墓等の写真及び位置図
　　二　死亡者の本籍及び氏名並びに墓地使用者等、死亡者の縁故者及び無縁墳墓等に関する権利を有する者に対し１年以内に申し出るべき旨を、官報に掲載し、かつ、無縁墳墓等の見やすい場所に設置された立札に１年間掲示して、公告し、その期間中にその申出がなかつた旨を記載した書面
　　三　前号に規定する官報の写し及び立札の写真
　　四　その他市町村長が特に必要と認める書類
第4条　法第8条に規定する埋葬許可証は別記様式第1号又は第2号、改葬許可証は別記様式第3号、火葬許可証は別記様式第4号又は第5号によらなければならない。
第5条　墓地等の管理者は、他の墓地等に焼骨の分骨を埋蔵し、又はその収蔵を委託しようとする者の請求があつたときは、その焼骨の埋蔵又は収蔵の事実を証する書類を、これに交付しなければならない。
2　焼骨の分骨を埋蔵し、又はその収蔵を委託しようとする者は、墓地等の管理者に、前項に規定する書類を提出しなければならない。
3　前2項の規定は、火葬場の管理者について準用する。この場合において、第1項中「他の墓地等」とあるのは「墓地等」と、「埋蔵又は収蔵」とあるのは「火葬」と読み替えるものとする。
第6条　墓地の管理者は、墓地の所在地、面積及び墳墓の状況を記載した図面を備えなければならない。
2　納骨堂又は火葬場の管理者は、納骨堂又は火葬場の所在地、敷地面積及び建物の坪数を記載した図面を備えなければならない。

資料

第7条 墓地等の管理者は、次に掲げる事項を記載した帳簿を備えなければならない。

一 墓地使用者等の住所及び氏名

二 第1条第1号、第2号及び第3号に掲げる事項並びに埋葬若しくは埋蔵又は収蔵の年月日

三 改葬の許可を受けた者の住所、氏名、死亡者との続柄及び墓地使用者等との関係並びに改葬の場所及び年月日

2 墓地等の管理者は、前項に規定する帳簿のほか、墓地等の経営者の作成した当該墓地等の経営に係る業務に関する財産目録、貸借対照表、損益計算書及び事業報告書その他の財務に関する書類を備えなければならない。

3 火葬場の管理者は、次に掲げる事項を記載した帳簿を備えなければならない。

一 火葬を求めた者の住所及び氏名

二 第1条第1号、第2号及び第5号に掲げる事項並びに火葬の年月日

第8条 火葬場の管理者は、火葬を行つたときは、火葬許可証に火葬を行つた日時を記入し、署名し、印を押し、これを火葬を求めた者に返さなければならない。

第9条 法第17条の規定による埋葬状況の報告は、別記様式第6号、火葬状況の報告は別記様式第7号により、これを行わなければならない。

第10条 法第18条第1項の規定による当該職員の職権を行う者を、環境衛生監視員と称し、同条第2項の規定によりその携帯する証票は、別に定める。

　　　　　附　則

この省令は、公布の日から、これを施行する。

別記様式　省略

改葬・墓じまいチェックリスト

- ☑ 改葬・墓じまいを行うべき理由をはっきりとさせましたか？
- ☑ 遺骨をどのように扱うか考えましたか？
- ☑ 費用は誰が負担するか考えましたか？
- ☑ 家族や親族と話し合いはしましたか？
- ☑ 菩提寺と話し合いはしましたか？
- ☑ 墓地管理者と話し合いはしましたか？
- ☑ 専門業者と話し合いはしましたか？
- ☑ 専門業者などから見積もりはとりましたか？
- ☑ 専門業者などとスケジュールを確認しましたか？
- ☑ 新しいお墓は用意しましたか？
- ☑ 閉眼供養、開眼供養は菩提寺に依頼しましたか？
- ☑ 「受入許可証（受入証明書）」は用意しましたか？
- ☑ 「埋葬証明書」は用意しましたか？
- ☑ 「改葬許可申請書」は用意しましたか？
- ☑ 「改葬承諾書」は用意しましたか？
  （代理人が手続きする場合）
- ☑ 「改葬許可証」は用意しましたか？

【著者紹介】

田島 直明（たしま なおあき）

弁護士、ホライズンパートナーズ法律事務所ジュニアパートナー。平成20年に立命館大学法学部卒業、平成22年に関西大学法科大学院修了。平成23年に弁護士登録。平成23年から五月女五郎法律事務所に勤務し、平成27年にホライズンパートナーズ法律事務所入所。高齢者問題や相続問題、法定後見・任意後見案件、離婚問題等を取り扱う。著作等に『遺産分割実務マニュアル　第4版』（ぎょうせい、監修）『どの段階で何をする？業務の流れでわかる！遺言執行業務』（第一法規、共著）『改正民法　不動産売買・賃貸借契約とモデル書式　改訂版』（日本法令、共著）等がある。

執筆協力：杉田 州、筒井健二、常井宏平、西村秀幸
写真提供：海洋記念葬®シーセレモニー、川辺、メモリアルアートの大野屋
校正：聚珍社

トラブルにならないやり方（かた）がよくわかる
弁護士（べんごし）が教えるいろんなお墓（はか）と
安心（あんしん）の改葬（かいそう）・墓（はか）じまい

| 発行日 | 2025年 4月26日 | 第1版第1刷 |

著　者　田島（たしま）　直明（なおあき）

発行者　斉藤　和邦
発行所　株式会社　秀和システム
　　　　〒135-0016
　　　　東京都江東区東陽2-4-2　新宮ビル2F
　　　　Tel 03-6264-3105（販売）Fax 03-6264-3094
印刷所　三松堂印刷株式会社　　　Printed in Japan

ISBN978-4-7980-7405-4 C2077

定価はカバーに表示してあります。
乱丁本・落丁本はお取りかえいたします。
本書に関するご質問については、ご質問の内容と住所、氏名、電話番号を明記のうえ、当社編集部宛FAXまたは書面にてお送りください。お電話によるご質問は受け付けておりませんのであらかじめご了承ください。